AF500897

RÉPUBLIQUE

CONSTITUTIONNELLE

PAR

PAUL BRANDAT

PARIS

E. LACHAUD, ÉDITEUR

4, PLACE DU THÉATRE-FRANÇAIS, 4

—

1871

DU MÊME AUTEUR

En Mer. — *Souvenirs et Fantaisies.*

Récits et Nouvelles.

Mers de l'Inde.

Monarchie et République.

PREMIÈRE PARTIE

LA
RELIGION ET L'INSTRUCTION
AUX ÉTATS-UNIS

PRÉFACE

DE

LA PREMIÈRE PARTIE

UN AMÉRICAIN

An moment d'envoyer cette étude à la presse, je fis rencontre d'un Américain ; sa conversation et son portrait me serviront de préface.

Ce Yankee arrivait à Calais avec un chargement de fusils, de canons et de mitrailleuses.

C'est un sudiste ; sa famille possédait une vaste cotonnerie dont il était gérant ; à ses moments perdus, il étudia la médecine par goût. L'incident fortuit d'une jarre de rhum renversée, près d'un nègre qu'il allait opérer, le conduisit à des recherches sur l'anesthésie. Si des succès décisifs ne couronnèrent point ses efforts, il a du moins la gloire d'avoir lancé dans cette voie des savants plus heureux ou plus habiles, ainsi qu'il me le prouva par des brochures du temps. Quand la guerre de sécession mit l'Amérique en feu, l'illustre Maury le choisit pour l'aider dans ses travaux sur les torpilles. Mais las bientôt, en un pareil moment, du travail de cabinet, l'ancien planteur entra dans l'armée active, où il devint colonel du génie.

L'émancipation des esclaves et l'incendie de la cotonnerie l'obligèrent à chercher dans la pratique de la médecine des moyens d'existence.

— J'élevais ainsi, me dit-il, assez convenablement ma famille... mais de ma position à la fortune il y avait loin. La mécanique est la reine du monde aujourd'hui. Après de longs travaux, je trouvai enfin une machine pour éplucher le lin ; je pris un brevet et montai des ateliers. Tout marchait à souhait quand la guerre éclata entre la France et la Prusse... Le vent tournait aux marchands d'armes ; je vendis mon brevet et mes ateliers, j'achetai des fusils, des canons et des mitrailleuses... et voilà comment je suis ici. J'ai perdu quatre heures dans vos bureaux de douane... quatre heures ! vous autres Français, vous ne connaissez pas le prix du temps, votre administration vous tue... quatre heures de retard pour des armes, c'est peut-être l'incendie d'un village... Ah ! vous êtes de drôles de gens.

J'admirais la flexibilité d'intelligence de cet homme qui pouvait exercer tant de métiers divers. Ce serait une erreur de le regarder comme une exception dans son pays ; il est fort ordinaire, en Amérique, de rencontrer, à quelques années d'intervalle, le même personnage tour à tour marchand ou journaliste, mécanicien ou armateur, inventeur ou ministre de quelque congrégation, suivant son caprice, les besoins du moment ou le courant de la fortune.

La république des Etats-Unis reproduit, sous nos yeux, ces puissantes individualités que nous voyons remplir, dans les républiques de Rome ou d'Athènes, tant de fonctions variées, occupant aujourd'hui le pontificat, brillant demain à la tribune, au conseil, à la tête des armées, et se distinguant par leurs vertus civiques.

La France peut s'enorgueillir de talents sans rivaux dans les arts, les sciences, l'industrie ; mais combien notre éducation routinière fournit-elle d'*hommes* et surtout de citoyens?

Si le régime oriental des castes a disparu de nos principes, il s'est maintenu dans nos mœurs. Tout Français se prépare, dès l'enfance, à s'encaquer dans une spécialité; ses parents en feront un médecin, un avocat, plutôt un militaire ou un administrateur... de ces derniers toute ville en compte autant que de pavés. Dans la spécialité qu'il adopte, le jeune homme arrivera peut-être à fonctionner régulièrement comme une machine bien montée.

Mon Yankee, heureux de trouver un auditeur curieux et attentif, me proposa de me présenter à sa femme ; j'acceptai avec empressement. C'était une grande et robuste personne, fraîche encore malgré ses quarante ans ; en vraie protestante, elle avait largement usé de sa fécondité...

Combien avait-elle d'enfants?... Je ne sais... J'ai dû compter deux fois les mêmes, erreur pardonnable, vu le nombre...

Cette excellente Américaine, puritaine rigide, profita de ma patience pour tonner à cœur joie contre Babylone, la grande prostituée, la bête de l'Apocalypse, Ooliba... Rome enfin. Quand elle eut épuisé ses citations bibliques, coupées çà et là d'ingénieux aperçus, elle me peignit, avec une véritable éloquence, l'infériorité des nations catholiques et l'ignorance dans laquelle on les voit croupir...

— La Prusse, me dit-elle, doit toute sa force à sa supériorité d'instruction... Après la grande république, c'est la nation la plus instruite du monde.

Pas mal jugé.

— La guerre de Prusse, me dit à son tour, le médecin-colonel-mécanicien-marchand, est sans doute, pour la France, un immense désastre... Eh bien, en Amérique, nous la considérons comme la seule chance de salut qui vous restât... On apprécie mieux les événements, quand on est placé dans le lointain du temps ou de la distance; l'histoire jugera comme nous. Vos malheurs vous retrempent et vous rendent votre vigueur morale... Encore quelques années du régime impérial, *la France mourait de pourriture*.

Je cite ces paroles.

Mon homme, comme bon nombre de médecins, professait le matérialisme, philosophie peu goûtée aux Etats-Unis.

Voici sa façon de penser au sujet de l'Empereur :

— Si j'avais le temps, je vous montrerais les rapports intimes qui unissent le cerveau à la vessie. Tant que Napoléon eut en bon état cet important appareil, il dirigea assez convenablement les affaires de l'Etat ; mais ses facultés déclinèrent avec ce viscère... Les destinées d'un peuple ne doivent pas dépendre d'une vessie, même impériale... Restez en république; ne vous le dissimulez point, elle sera d'un établissement périlleux et difficile... mais si vous rechutez dans la monarchie, vous cesserez de compter parmi les nations.

LA RELIGION ET L'INSTRUCTION

AUX ÉTATS-UNIS

I

Les vrais amis de la liberté ne voient pas, sans un profond chagrin, les attaques injustes et maladroites des républicains extrêmes contre le catholicisme.

Les libres-penseurs ont sans doute le droit de saper l'Église romaine par la voie de la presse, des réunions et des associations; mais nous devons lui accorder les mêmes moyens de défense. Nul n'est fondé à revendiquer ce qu'il refuse aux autres.

Le catholique doit jouir d'une liberté d'action illimitée, non comme catholique, mais comme citoyen. Attaquer cette liberté d'action, c'est provoquer la révolte des consciences et ressusciter peut-être une nouvelle Vendée qui vaincrait la république de 1870, comme elle a vaincu celle de 92.

Nous avons à tirer aujourd'hui de graves et utiles leçons de cette guerre de Vendée, dont on n'a pas bien étudié les causes et les débuts.

Qui l'a emporté : du catholicisme, ou de la religion de l'Être suprême professée par la majorité de la Convention ?

L'Ouest, écrasé, a gagné en réalité le prix de la lutte.

Hoche acheta la pacification des provinces soulevées par une apostasie des principes si chers alors au pouvoir. Le gouvernement n'osa même pas blâmer le général de la république d'envoyer ses soldats à la messe des prêtres réfractaires.

Quiconque a lu les *Barzaz-Breiz* ou poésies populaires de la Bretagne ne doute pas de la haine invétérée du paysan pour la noblesse. Les spectres du *Prat ar mill goff* (le pré des mille ventres) se dressent comme de sanglants témoins de la jacquerie bretonne, et de l'impitoyable fureur des chevaliers bardés de fer dans le massacre des insurgés. Ces chants retentissent encore dans les vallées et les montagnes de l'Armorique comme une lugubre plainte. En Vendée, le peuple des campagnes ne professait pas un plus grand amour pour l'aristocratie. Dans tout l'Ouest, la révolution reçut un accueil enthousiaste. Mais, quand l'Assemblée constituante, se transformant en concile par une incroyable maladresse, commit l'imprudence de toucher à la discipline ecclésiastique et de bouleverser les bases fondamentales du catholicisme, les religieuses populations de Bretagne et de Vendée prirent les armes. Des pièces authentiques nous ont conservé à Nantes le premier cri des paysans révoltés :

Des nobles ne voulons,
Du roi ne nous soucions,
Nous voulons nos prêtres!

Si la révolution avait cédé à la voix de la conscience populaire, la Vendée s'apaisait. Ce ne fut certainement pas pour la cause de la royauté et de la noblesse que le pieux voiturier Cathelineau, l'héroïque garde-chasse Stofflet levèrent leur étendard. Le royalisme tira les marrons du feu, mais il ne l'avait point allumé.

Ne nous attaquons jamais à la conscience; il faut le dire à l'honneur de l'humanité : dans tous les moments de crise, elle est le grand moteur. L'homme ne doit jamais hésiter à la mettre au-dessus de tout; aussi la France range les héros de la Vendée parmi ses glorieux enfants. Ils ont ouvert, au flanc de la patrie, une large blessure; cependant nul n'a osé les flétrir de ce nom de traître infligé aux Dumouriez, Pichegru, Moreau, Bazaine. Pourquoi?.... Parce que l'homme, même égaré, en obéissant à sa conscience, inspire un respect involontaire.

La république doit reconnaître la liberté religieuse la plus entière, la plus absolue, ou elle se brisera de nouveau contre ce roc inébranlable. Que la France suive l'exemple de cette noble nation qui a si bien mérité le nom de *la Grande République.*

Le catholicisme, s'il a l'intelligence de sa dignité et de son indépendance, sollicitera de lui-même la séparation de l'Église et de l'État. Il cherche en vain la domination sous le despotisme d'un maître, accumulant ainsi contre lui la haine et la déconsidération ; la liberté lui promet de longs et beaux jours.

Quant à nous, nous croyons à la parole du divin Maître, à sa promesse d'un avenir où Dieu sera adoré *en Esprit et en Vérité,* et où tout formalisme religieux disparaîtra.

Nous voyons dans les Évangiles une inépuisable source de consolations, un éternel guide des âmes; mais, à l'exemple des quakers, nous mettons « la lumière intérieure » au-dessus de ces textes vénérables.

De toutes les révolutions humaines, la suppression du formalisme religieux doit être la plus lente et la plus graduelle: la liberté seule a qualité pour l'opérer. En attendant un tel renversement des idées reçues, les religions positives satisfont à l'irrécusable besoin de prière inhérent au cœur de l'homme.

A chacun le droit de proclamer ce qu'il croit, sans jamais vouloir l'imposer aux autres.

II

Les sociétés ont pour idéal l'abolition de toute autorité ; « la constitution de l'ordre par l'extension indéfinie de la liberté est leur loi. »

En 1848, le peuple français, pris d'une véritable monomanie d'organisation, rêva de tout ordonner, plaisir et travail. Une voix fit entendre alors cette parole décisive : La liberté est essentiellement organisatrice.

Frédéric Bastiat appuya sa thèse sur les plus sévères déductions de la logique, sur l'étude la plus approfondie du cœur humain et de tous les mobiles sociaux. L'expérience des États-Unis donne la plus complète confirmation de sa théorie.

Quant à nous, Français, nous avons fait l'expérience inverse et non moins complète. Notre fanatisme pour le principe d'autorité nous a conduits au bord d'un abîme dont nous n'osons mesurer la profondeur. Nos catastrophes nous ont-elles corrigés? — J'en doute.

Tandis que nous persistons à croire à l'écroulement de toute religion, de toute science, de toute morale, si le gouvernement ne se transforme en prêtre, en savant, en philosophe, nous voyons, sur le nouveau continent, la liberté, par l'association volontaire, rassasier tous les besoins intellectuels et moraux.

La liberté, mieux qu'Auguste et Louis XIV, sait couronner et enrichir les poëtes. Si nos artistes cueillent des lauriers en France, en Amérique ils moissonnent des dollars. La baguette magique de l'association volontaire fait jaillir du sol les cathédrales; sa main patiente classe les livres des bibliothèques; sa foi généreuse ne ménage ni l'or ni les efforts pour porter chez les païens les lumières de l'Évangile.

La découverte d'un homme de génie provoque d'innombrables meetings; on porte son emblème en triomphe, et bientôt cet enthousiasme bruyant se traduit en souscriptions productives.

L'Union se passe de ministère de l'instruction publique et des cultes, comme de ministère de l'agriculture; elle les déclare incapables de produire un savant, une conversion, un épi. Si, suivant la parole du Maître, nous jugeons un arbre par ses fruits, il nous faut avouer la justesse des vues américaines. Nous devons aux États-Unis les plus belles découvertes modernes, des bateaux à vapeur à l'emploi des anesthésiques.

C'est étrange, et non moins vrai : la liberté remplit,

par l'association volontaire, la plupart des fonctions de l'État chez nous.

De là, l'énergie yankee et sa devise : « En avant!.... Qu'importe! » L'or, le travail, la vie, ne sont rien aux yeux de l'Américain pour atteindre un but donné. Personne ne l'égale en audace. Dès sa jeunesse, il ne reconnaît point d'entrave, et se forme aux dures et sévères leçons de l'expérience et de la responsabilité. Il ne compte sur personne; là, point d'État pour engraisser le parasite, « pour faire vivre chacun aux dépens de tout le monde. » L'Union n'a jamais connu et ne connaîtra jamais le chancre rongeur du fonctionnarisme.

Aussi voit-on les maisons industrielles ou commerciales prospérer et se développer de père en fils. Chez nous, quand on a pu acquérir quelque bien par le travail, on rêve, pour son enfant, les loisirs et la livrée de l'employé. L'accroissement d'un capital péniblement amassé s'arrête; et la fortune héréditaire se dissout, partagée entre des fainéants.

Dans un pays où les besoins de l'enseignement et du culte contraignent de recourir à l'association, on doit s'attendre à une action vigoureuse de la part des membres de la communauté. L'association, en toutes choses et pour toutes choses, pénètre dans les mœurs, devient d'une pratique incessante; et quand un nouveau besoin se manifeste, elle se met, sans efforts, à même d'y satisfaire.

La tendance de la jeunesse française vers les emplois

publics entraîne le gouvernement à en multiplier indéfiniment le nombre, aux dépens du travailleur. De l'impossibilité de satisfaire tous les appétits résulte une foule de gens déclassés, de génies méconnus, vivant de paresse, de turbulence et d'immoralité, et dont le bouleversement social devient l'unique espoir.

Trois importantes découvertes précédèrent la Réforme : la poudre, l'imprimerie, le nouveau continent. Par l'imprimerie, le peuple arrive à la lumière ; le commerce de l'Amérique lui donne la richesse ; avec la poudre, la force d'aristocratique devient plébéienne. Intelligentes, fortes, riches, les masses s'apprêtent à monter à l'assaut du pouvoir. La formule révolutionnaire est alors : *Émancipation de la conscience*.

Nous nous trouvons dans des circonstances analogues : la vapeur, le rail-way, le télégraphe, valent bien les découvertes qui accompagnèrent le mouvement luthérien. L'introduction de ces éléments dans la société moderne rend nécessaire le renouvellement de ses formes vieillies. Il faut une révolution, sa formule est : *Solidarité universelle par l'indépendance individuelle*. Cette solidarité entraîne le renversement des barrières commerciales, intellectuelles et morales, élevées entre les peuples par le despotisme et les préjugés ; la suppression de la diplomatie remplacée par le libre-échange ; la destruction des trônes comme incompatibles avec la paix générale.

Guillaume ne se trompe point quand il s'appelle le grand justicier, le fléau de Dieu.

Il a pour mission, de concert avec l'homme de Sedan et de Metz, de rendre la monarchie à jamais exécrable. Couronne en tête, radieux sur des monceaux de cadavres, il montre ce que la royauté renferme de douleurs et de crimes.

Il soufflette la France pour sa lâcheté du 2 décembre; il flagelle l'armée pour sa complicité dans le complot, tandis que Paris assiégé expie son attentat du 15 mai.

Comme le prophète d'Israël, tu as crié, ô Guillaume : Malheur à Jérusalem ! mais le jour n'est pas loin où, comme lui encore, tu crieras : Malheur à moi-même !

La Providence nous frappe avec une sévère justice; mais elle nous châtie pour nous sauver, et déjà l'aurore de la république et de la paix universelles se lève sur cet horizon de sang.

Dans cette transformation générale, dont la consécration matérielle est le libre-échange, un brillant avenir se prépare pour notre pays. N'est-il pas le point d'atterrissement naturel de tous les produits de l'Amérique?.... Ne rayonne-t-il pas dans toute l'Europe, par ses chemins de fer, pour les transactions des deux continents?.... La position géographique de la France ne la désigne-t-elle pas comme un des ventricules les plus énergiques de la circulation commerciale?

Dans la sphère des idées, ne sommes-nous pas les promoteurs de la révolution en Europe? N'avons-nous pas donné le plus mémorable exemple de renversement des trônes?... N'est-ce pas encore à nous à entraîner toutes les nations dans la voie nouvelle?

Pour atteindre ces hautes destinées, sachons nous inspirer des vertus du plus grand peuple républicain. Comme lui, ayons dans la liberté une confiance sans limites, car en elle réside sa force d'expansion et la source de sa richesse.

La naturalisation des immigrants, prompte et facile, n'entraîne pour eux aucune charge et leur confère d'importants avantages. Le gouvernement ne coûte rien ; peu d'impôts, pas de conscription, pas d'inscription maritime; rien n'entrave l'activité du citoyen. Un tel pays attire et fixe les étrangers. Une large rétribution du travail manuel assure la dignité de l'ouvrier; les commerçants brassent les affaires à souhait. Tout homme de quelque valeur dans les arts industriels arrive sûrement à la fortune. L'or mène à la considération, le travail donne de l'or. Il n'en faut pas tant pour appeler des populations tondues au vif par les monarques européens, qui ne rêvent que guerres, impôts et soldats.

Pour qui n'a pas l'intelligence de la liberté, c'est sans doute un fait étrange de rencontrer le plus de lumières là où l'administration n'a pas mission de la répandre. Nos masses croupissent dans l'ignorance en dépit de la soi-disant instruction publique organisée par nos potentats. L'ouvrier américain, pour qui l'État n'a rien fait, lit les journaux, se tient au courant de tout ce qui intéresse l'homme ou le citoyen, et traite, avec bon sens et gravité, les affaires publiques.

Ainsi, tandis que nos gouvernements distribuent, d'une main avare, une instruction sans rapport avec les besoins sociaux, la liberté américaine y pourvoit avec intelligence et libéralité.

Nos études roulent sur les véritables cendres de Rome et d'Athènes, choses fort indifférentes à qui veut devenir tailleur de pierre ou mécanicien; les études yankee roulent sur les éléments des sciences positives d'une utilité immédiate dans toutes les professions. La constitution, écrite en tête de tous les livres de classe, devient le sujet des premières méditations de l'enfant; les professeurs la commentent à leurs écoliers, et leur en inspirent un respect raisonné.

Nos jeunes gens, bourrés de grec et de latin, retirent pour premier fruit de leur éducation le mépris des métiers. Ils se précipitent vers les carrières sottement appelées libérales, toujours encombrées; de là, quantité d'intelligences cultivées sans emploi. La France fournirait des avocats à un univers de normands; nous exportons des médecins comme l'Inde ses coolies. Tous ces demi-lettrés cherchent à vivre d'un journalisme malsain ou d'une littérature immonde; leur mince bagage de langues mortes leur procure difficilement le pain quotidien : aussi trouve-t-on surtout parmi eux les héros des révolutions sans but et sans idées, et les propagateurs de toutes les niaiseries socialistes.

Là se trouve le plus grave écueil de l'éducation gouvernementale. L'administration ne peut comprendre les besoins intellectuels d'une société comme cette société même. L'instruction par l'État ne sert le plus souvent qu'à dévoyer les esprits, et se transforme en poison, comme l'affirment, avec vérité, de trop zélés partisans du passé.

Une instruction mal dirigée crée des hommes inutiles; les hommes inutiles deviennent des perturbateurs.

Après le latin et le grec, les élèves des classes supérieures approfondissent, suivant Voltaire, la métaphysico-théologico-cosmolo-nigologie. Aux États-Unis on travaille les siences avec assiduité. L'enseignement libre et l'absence du fonctionnarisme entraînent étudiants et professeurs dans le courant des connaissances pratiques; aussi, l'Américain fait fortune partout où il va; près de lui, le Français meurt de faim avec son éducation soignée.

Rien de variable comme nos besoins, rien de nécessairement élastique comme un programme d'études. La liberté d'enseignement la plus illimitée peut seule suivre le mouvement social. Les congrégations accapareront toute l'instruction... à la condition d'offrir la meilleure. L'enfant puise ses véritables croyances au foyer paternel. Serons-nous plus intolérants que les puritains qui confient leurs fils au jésuites?

Les mauvaises conséquences des études de luxe, aux dépens des connaissances utiles, se réfléchissent sur toutes nos institutions. Notre caractère en est profondément altéré, et l'on doit y voir la cause principale de notre frivole amour du brillant. Toute ville, qui se passe d'un pont nécessaire à son développement, trouve des fonds pour construire un théâtre ; et des subventions pour ce théâtre, quand elle manque d'argent pour ses écoles.

Nous ne contesterons pas l'infériorité de l'Amérique dans le domaine des beaux-arts. Elle a raison de ne point s'en montrer humiliée.

Le *bon*, d'abord ; le *beau*, s'il se peut.

Même en Europe, les beaux-arts sont-ils bien dans une période ascendante?... La statuaire a-t-elle progressé depuis le siècle de Périclès? Nous n'avons plus pour la beauté du corps ce fanatisme des anciens, qui la mettaient en parallèle avec le génie.

Pouvons-nous nous vanter, en peinture, d'une supériorité sur l'époque de Léon X?... Quelle perfection, au contraire, la musique, cet art populaire, n'a-t-elle pas atteinte?

Qu'est devenue la chorégraphie, un art sérieux chez les Grecs?... Nos Aristides et nos Thémistocles — si nous en avions — conduiraient-ils eux-mêmes les chœurs de danse?... Le gouvernement impérial protégeait beaucoup, il est vrai, le corps de ballet; mais cette protection n'entrait en rien dans ses attributions officielles.

L'architecture, pure et noble sous la mythologie grecque, sombre et grandiose avec le catholicisme, nous présente toujours une fidèle expression des besoins de son époque. Nos plus beaux travaux, tous industriels, frappent le jugement sans plaire à la vue ; les plus remarquables sont souterrains ou sous-marins.

Nous devons pourvoir au nécessaire avant de songer à l'agréable. Le luxe, pour être sain, doit surgir du bien-être. Avant de construire des opéras et des palais, n'y a-t-il pas lieu d'instruire le peuple? Et, suivant l'ingénieuse expression d'un grand écrivain moderne, « ne vaut-il pas mieux élever des hommes que des monuments? » Les merveilles de l'Italie m'inspirent peu d'enthousiasme, quand, pour les contempler, je dois fendre l'ignoble foule des lazzaroni en haillons.

Les préjugés des puritains sur la peinture ont beaucoup nui aux développements de cet art. Cependant les peintres West et Leutze, les sculpteurs Powers et Crawford, jouissent en Europe d'une honorable renommée.

Louons l'Amérique de poursuivre le *beau* dans l'ordre moral avant de le rechercher dans le domaine esthétique; les arts ne peuvent manquer de fleurir dans une société riche et noble.

Tel n'est pas un des moindres avantages de l'instruction libre, et de l'absence de toute intervention gouvernementale dans les arts. La liberté s'enquiert de nos besoins réels et les satisfait à mesure que le progrès normal les épure ; l'État enfante des créations fastueuses, inutiles, souvent nuisibles.

III

La stupidité seule peut rester indifférente à la prospérité si exceptionnelle de l'Union, cette terre par excellence de l'association volontaire.

Aux États-Unis, les mœurs, plus libres sous certains rapports, sous d'autres sont beaucoup plus empesées qu'en Europe. Mille choses, innocentes au delà des mers, nous choqueraient ; plusieurs de nos coutumes y feraient scandale. La culture moyenne de l'intelligence atteint un niveau élevé relativement à nos pays où une éducation soignée est le partage du petit nombre. Les institutions républicaines, comme on l'a déjà remarqué en Suisse, tendent à égaliser les conditions sociales. Si l'on rencontre rarement en Amérique le brillant vernis du vieux monde, on n'y voit pas non plus sa dégradante ignorance ; tous s'y efforcent de mériter le nom de gentleman et de lady, prennent pour modèle les classes aisées de l'Angleterre. A tous les degrés de l'échelle sociale, les efforts se tournent principalement vers un but pratique; mais il n'est personne qui ne suive avec intérêt les questions de l'ordre moral, religieux, politique ou littéraire.

Le Yankee fait plus aisément fortune avec une idée qu'un Français avec dix. Jamais il n'implore le secours de personne; ce mot est dans toutes les bouches : *help yourself*, aide-toi, le ciel t'aidera!... Il y aurait grande injustice à prendre Barnum pour le type de l'Américain, généralement consciencieux et ardent philanthrope.

On compe moins de naissances illégitimes dans le nouveau monde que partout ailleurs; la rareté des divorces témoigne le bonheur habituel du foyer domestique. De grands égards mutuels remplacent, peut-être un peu trop, l'épanchement et la chaleur de nos intérieurs européens.

Nul n'ignore le respect proverbial de l'Américain pour la femme, trait saillant du vieux caractère germain peint par Tacite, et développé dans la race anglo-saxonne sous l'influence du christianisme. Ce respect est l'une des causes les plus actives de la moralité publique. Quiconque connaît la position digne et élevée de la maîtresse de maison dans la famille anglaise, sait ce que renferme ce mot *lady*. On a justement appelé les États-Unis « le paradis de la femme. » Une jeune fille peut se rendre de la Nouvelle-Orléans à New-York, sans craindre d'être molestée, sans avoir à redouter notre prétendue galanterie française; sur les steamers, dans les hôtels, les lieux publics, elle trouve des salons réservés. Partout la femme a la préséance : un orateur croirait manquer aux convenances les plus élémentaires s'il ne commençait son discours par « Mesdames et Messieurs. »

Le culte quotidien, caractérisé par la *prière de table*, se célèbre en famille. Le père rassemble avec joie les membres de sa maison pour leur lire les Écritures. Cette pieuse coutume influence très-heureusement les mœurs.

Le rapide accroissement de la fortune publique encourage l'adoration du dollar; mais une éducation libérale, un enthousiasme philanthropique vrai, luttent avec succès contre cette tendance. L'Américain fait un noble usage de son opulence; la richesse et la multiplicité des écoles le prouvent assez. Les institutions scientifiques doivent toujours leur fondation et leur entretien à des dons volontaires.

Le despotisme engendre les révolutions; on ne peut opposer une barrière plus sûre aux bouleversements que la république constitutionnelle. Quelques constables maintiennent l'ordre dans une cité d'un million d'hommes; des armées entières ne préservent point Paris de l'émeute.

On blâmerait à tort la liberté religieuse d'engendrer le sectairianisme; les avantages de la multiplicité des sectes compensent ses inconvénients. La religion, premier intérêt de l'homme, prospère dans un air libre. « La foi, dit Luther, est une chose libre qui ne saurait être contrainte par personne. » La compression ou la protection mènent à l'hypocrisie. Le *principe volontaire*, uni à l'égalité absolue des Eglises, développe entre elles une heureuse rivalité et stimule l'activité individuelle dans un sens religieux. Un éminent publiciste allemand a dit avec raison : « L'Union est la contrée la plus chrétienne du monde, parce qu'elle est la contrée où la religion est le plus libre. » Les gens sans préjugés se rallieront à cette opinion ; peu importe le culte, l'imitation du Christ est le point important.

L'Amérique, encore dans l'enfance, enfance géante, étend ses bras à l'est et à l'ouest, sur les terres et sur les mers, en Afrique et au Japon. Elle tourne un nouveau feuillet de l'histoire et s'apprête à le remplir de hauts faits. Tout y fermente ; tout y porte le cachet de la grandeur. Il s'y prépare un immense amalgame des diverses races. Les Eglises, les nations, les forces les plus opposées, bonnes ou mauvaises, s'y rencontrent sans choc. Tandis que l'Europe commença par le paganisme et la barbarie, l'Amérique débute avec la Réforme et les éléments d'une civilisation avancée ; par sa vigueur, son énergie, son esprit d'entreprise, elle se sent capable de mouvoir ce capital au plus grand profit de l'humanité.

Le Français ne peut devenir Américain, ni l'Américain Français ; mais chacun d'eux peut emprunter beaucoup à l'autre. Nous pouvons donner notre amour du beau en échange d'un exemple politique dont nous avons à tirer profit.

Nous ne pouvons échapper à l'influence de la bouillante activité de l'Union. L'Europe et l'Amérique ne se borneront pas à troquer leurs produits. Nous avons confié le germe de la liberté à un sol fécond, la graine de sénevé de l'Évangile a produit un grand arbre; c'est à nous maintenant à rajeunir, par une greffe vigoureuse, notre tronc vieilli.

Dieu a désigné la France pour l'œuvre du siècle. Aucune puissance ne pourra l'arrêter dans sa mission si, fidèle à la justice, elle se pénètre de cette maxime : Pas de liberté sans vertu.

Déjà les États-Unis tiennent une place immense dans le monde moderne par leur commerce, leur littérature, leur influence morale. La république de Libérie, leur fille, a commencé la civilisation et la christianisation de l'Afrique; par leurs relations commerciales et leurs missions évangéliques, ils contribuent, pour une part immense, à la régénération de l'Asie.

L'Union date son existence nationale de la déclaration de l'Indépendance en 1776. A cette époque elle se composait de treize colonies, dont la population totale montait à trois millions d'habitants. L'accroissement extraordinaire de cet empire a pour causes premières : la richesse publique, la coutume de se marier jeune. New-York et Philadelphie ont une population supérieure à nombre de capitales européennes, et remontent à peine à deux cents ans; Chicago de l'Illinois, fondé en 1831, compte plus de cent mille habitants; il y a quarante ans, on eût acheté tout le territoire de la ville pour la valeur d'un pied carré de terrain aujourd'hui. En 1788 on trouvait à peine un blanc sur les rives de l'Ohio, là où brille Cincinnati, la reine de l'Ouest.

On ne saurait attribuer ce développement à la disponibilité des terres cultivables, puisque l'Amérique du Sud reste stationnaire en civilisation, en population, en richesse; il faut donc bien en faire honneur à son organisation sociale.

Nulle part on ne pratique avec l'ardeur des États-Unis le vieux conseil : Prie et travaille. L'indolence et la paresse y excitent un profond mépris. Quand un importun arrête un marchand dans une rue de New-York et lui fait perdre une minute, il le rend très-malheureux. La même avarice du temps se montre chez l'homme d'Etat et le colporteur des sociétés bibliques.

La société européenne repose encore sur des institutions féodales; la France seule s'en est dépouillée, mais pour tomber le plus souvent sous le despotisme byzantin. L'Amérique nous donne le spectacle d'un monde nouveau basé sur une complète expansion de l'indépendance individuelle. Là disparaissent les dernières traces du moyen âge : royauté, noblesse, classes privilégiées, armées permanentes, Églises établies. Au lieu de ces institutions caduques règnent une liberté, une égalité civiles et religieuses, absolues; une liberté entière de réunion, de discours, de presse; la vraie souveraineté du peuple, c'est-à-dire la gestion, par l'universalité des citoyens, des intérêts strictement communs. Presque toutes les fonctions sont soumises à l'élection; des hommes sortis de la condition la plus humble arrivent aux positions les plus élevées, même au fauteuil présidentiel. Cette extrême liberté n'exclut en rien le respect de la loi, du droit, du christianisme, la sécurité des personnes et des propriétés, la dignité du caractère et la fierté nationale.

Le peuple de l'Union doit cette merveilleuse santé morale à la sage organisation de son gouvernement républicain, la plus propre des formes sociales au développement de nos facultés.

Le régime américain, essentiellement constitutionnel, se compose d'un président, d'un sénat, d'une chambre des représentants, organes divers de la souveraineté populaire, exerçant l'un sur l'autre un contrôle mutuel. Le sénat, homologue à la chambre des lords, représente le principe de conservation; l'assemblée des représentants, homologue à la chambre des communes, montre un esprit plus aventureux dans la voie du progrès.

Les apôtres de la guerre de l'Indépendance n'avaient en rien le caractère de sauvages destructeurs de l'ordre établi. C'étaient des hommes religieux, d'un jugement pratique très-sain, d'une moralité éprouvée, d'un libéralisme décidé, à vues constitutionnelles. Tel surtout se fit remarquer Georges Washington, citoyen doux et modeste, patriote désintéressé. Les personnages les plus éminents de l'Amérique ont toujours considéré le christianisme comme la base de la république. Jamais une parole irrespectueuse envers une religion quelconque ne se prononce au congrès, sans provoquer un violent rappel à l'ordre. Henry Clay, Daniel Webster, l'homme d'État et le Démosthènes de l'Amérique, expirent une Bible à la main.

Une vertu rigide, le respect de la loi, un grand sentiment d'indépendance, mais aussi la reconnaissance en autrui d'une indépendance égale, forment le fond des mœurs publiques.

Sous une agitation superficielle, parfois très-violente, se cache un esprit conservateur. C'est un imposant spectacle de voir, à l'élection du président, le calme subit succéder aux plus formidables tempêtes, dès que l'urne du scrutin a prononcé; aucun des partis, malgré sa surexcitation, ne songe à établir ses droits réels ou supposés en recourant à la violence. Le mécontentement se manifeste parfois contre la pratique de la constitution, jamais contre la constitution même. Quand le gouvernement s'attire la désapprobation publique, on ne cherche point un remède à ses torts dans des moyens inconstitutionnels.

L'Union rassemble dans son sein toutes les nations qui vivent sous le ciel; une pérégrination dans cette contrée vaut un voyage autour du monde. Anglais, Ecossais, Allemands, Hollandais, Français, Espagnols, Italiens, Suédois, Norwégiens, Polonais, Magyars, vivent côte à côte, dans l'égalité politique, avec leurs vertus et leurs défauts respectifs bien connus; puis viennent les noirs enfants de l'Afrique dernièrement émancipés, et les jaunes fils du Céleste Empire avec leurs yeux oblongs, leurs goûts paisibles, leur industrie, leur avarice. En quelques instants, on voit passer un vrai panorama ethnographique dans Broadway de New-York, Chesnut de Philadelphie, ou sur les marchés de San-Francisco.

Non-seulement nous retrouvons, en Amérique, toutes les nationalités du vieux monde, mais encore des mœurs et des caractères des temps anciens qui s'y perpétuent avec une remarquable ténacité. En Virginie, vous voyez apparaître le cavalier de la cour d'Elisabeth ; à Philadelphie, le quaker de Georges Fox ; à l'est de la Pensylvanie, le palatin et le souabe ; dans le New-England, le puritain de Cromwel ; sur les bords de l'Hudson, le Hollandais pur ; sur les rivages des lacs, vous vous croiriez en Écosse ; dans la Caroline du Sud, se dresse la fière et sombre figure du gentilhomme français protestant du XVIIe siècle ; et tous ont conservé leurs traits historiques, effacés depuis longtemps en Europe.

Au milieu de cette confusion apparente règne une unité de l'ordre le plus élevé : le respect de la loi, l'amour de l'indépendance. Tous ces éléments disparates, même les Africains et les Chinois, s'imprègnent de ces deux sentiments avec une étrange facilité, et constituent, par ce fait, une nation homogène. Les États-Unis possèdent au plus haut degré la faculté d'absorption ; ils s'assimilent immédiatement les caractères nationaux, mais en leur conservant leur originalité. L'Anglo-Saxon n'a pu s'allier avec l'élément celtique de l'Irlande ; le Yankee infuse à tout émigrant son génie.

La base de la nation américaine est anglaise. Pour comprendre la race anglo-saxonne, il faut voyager en Angleterre, en Écosse, ou dans le Nord-Amérique. Celui qui voit l'Anglais sur le continent le juge sous un jour défavorable ; sa raideur, sa gaucherie empesée, son entêtement à suivre ses coutumes insulaires, son attachement au thé et au plum-pudding, lui donnent un cachet grotesque ; on se demande comment un si étrange personnage a pu conquérir l'empire des mers. Le Yankee, loin de se dépouiller de ces ridicules, les a plutôt exagérés ; mais sous ce vernis bizarre se cache une force réelle. Il est à la fois libéral et conservateur; là est le secret de sa grandeur nationale. Dans son esprit, l'indépendance et la soumission aux lois ne se peuvent séparer. Trait caractéristique, le mot *gloire* se lit à chaque ligne dans les bulletins de Napoléon : Washington, dans ses dépêches, parle toujours de *devoir*. A la bataille des Pyramides, Bonaparte excite l'enthousiasme de ses guerriers par ces paroles ampoulées : « Soldats, du haut de ces pyramides, quarante siècles vous contemplent ; » Nelson dit simplement, à Trafalgar : « L'Angleterre compte qu'aujourd'hui chacun fera son devoir. »

L'Américain, maître de lui-même, exerce sur l'étranger une sorte de puissance fascinatrice ; il le domine en lui laissant toute latitude d'action.

L'Étoile de l'Empire marche vers l'Ouest.

Ce vers, d'un célèbre philosophe anglais, est devenu le mot d'ordre de la nation dans ses aspirations vers l'avenir. il flatte sa vanité, exalte son ambition, aiguillonne son énergie.

La foi dans sa grandeur future et dans sa destinée à régénérer le monde par la religion et la liberté lui donne une incomparable vitalité.

Toutes les sectes du protestantisme européen ont leurs représentants en Amérique; l'Église romaine y brille d'un vif éclat; les confessions les plus dissidentes, en contact, luttent et se développent dans cet asile sûr, dans ce champ sans limite.

Bancroft regarde la constitution civile et politique des États-Unis comme issue du puritanisme anglican, modification lui-même du calvinisme génevois. On ne peut le nier : le système d'égalité et de liberté politiques; les droits et les devoirs du *self gouvernment*, l'active coopération du peuple dans les affaires d'intérêt commun, sont bien les idées puritaines transportées de la sphère religieuse dans le domaine politique. A la suppression du pontificat, à l'ordination universelle, correspond la royauté pour tous.

La morne stagnation des contrées catholiques du Centre-Amérique et de l'Amérique du Sud tranche singulièrement avec la mobilité inquiète des États-Unis protestants. Cette nation semble chercher le bonheur dans la poursuite haletante d'une expansion indéfinie. Personne ne met le pied dans le nouveau monde sans être frappé de la prodigieuse activité de ses cités. La même agitation fébrile fermente dans toutes les corporations religieuses, et l'Église romaine, loin d'y échapper, se montre une des plus remuantes.

L'histoire ecclésiastique des États-Unis commence avec l'émigration des puritains. Ces pieux lecteurs de la Bible, persécutés en Angleterre, se retirèrent en Hollande en 1611, et traversèrent l'Atlantique en 1620. Après un périlleux voyage, ils abordèrent les solitudes rocheuses de Plymouth. Là, ils fondirent en larmes, remerciant Dieu de professer enfin leur foi en liberté. En 1630, de nouveaux coreligionnaires vinrent les rejoindre ; ils créèrent ainsi la colonie du Massachussetts... Tels furent les humbles débuts de la grande république.

La Virginie, établie antérieurement (1607), dans un but commercial, sous les auspices de l'Eglise épiscopale, n'eut aucune importance religieuse. New-Amsterdam — ancien nom de New-York — colonie de Hollandais, n'influa également en rien sur le caractère national.

La Pensylvanie, au contraire, fondée dans un but religieux, imprima profondément son cachet sur la concience de la nation. En 1680, William Penn y conduisit les quakers. A la même époque, des catholiques se réfugièrent au Maryland sous la conduite de lord Baltimore. Ces deux sociétés professèrent hautement une tolérance absolue.

L'Amérique du Nord, rendez-vous de toutes les victimes de l'ancien monde, doit à son origine son extrême amour de la liberté. Dès circonstances qui présidèrent à sa naissance naquit le principe si chrétien de la séparation de l'Église et de l'État. Chaque confession n'en observe pas moins dans son sein une discipline sévère, et ne recule même pas devant l'excommunication. La vie religieuse se fait remarquer par son esprit pratique et entreprenant. Un génie singulièrement organisateur préside à la direction des congrégations, conventions et synodes.

Favorisées par la liberté de conscience la plus extrême, toutes les formes du christianisme ont planté leurs bannières sur le nouveau continent. On y voit : l'Eglise romaine ; l'Église épiscopale, avec ses trente-neuf articles et sa liturgie quasi-catholique ; les puritains, qui proclament l'indépendance des congrégations ; les quakers, avec leur dogme de « la lumière intérieure » ; les méthodistes, avec leurs meetings extravagants ; les silencieux moraves, doués au plus haut point de l'esprit de mission ; les unionistes, qui rejettent tous les symboles ; les baptistes, tunkériens.....

Si l'observateur se préoccupe seulement de l'amélioration de l'homme, l'état moral de l'Amérique l'impressionnera favorablement. La surveillance mutuelle des sectes aiguillonne leur zèle ; en aucun pays pareils efforts ne se dépensent dans un but religieux. Les grandes Églises s'envoient volontiers des délégations fraternelles, et se concertent pour des œuvres de philanthropie.

Les congrégationalistes, ou indépendants, ou puritains, remontent aux dernières années du règne d'Élisabeth ; ils dérivent indirectement de la réformation calviniste de Genève. Dès le règne d'Edouard VI, mais surtout sous Henri VIII, on peut remarquer deux tendances dans l'Église d'Angleterre : l'une, semi-catholique, se bornait à repousser la papauté, et conservait à peu près l'organisation romaine ; l'autre, radicalement protestante, rompait tout lien avec le catholicisme. La première l'emporta sous Élisabeth, plus hostile encore au puritanisme qu'à la papauté.. La grande reine considérait l'épiscopat comme nécessaire à l'éclat du trône. Point d'évêque, point de roi : tel fut le proverbe favori de son successeur, Jacques Ier. Le puritanisme triompha sous Cromwell, mais la restauration des Stuarts ramena l'épiscopat.

Le New-England, peuplé par les puritanis, étendit sa domination morale sur toute la confédération.

Le congrégationalisme représente l'aile gauche du protestantisme orthodoxe ; il conserve la confession et le catéchisme de Westminster, et ne diffère des calvinistes de Genève et des presbytériens d'Écosse que par ses vues sur le gouvernement de l'Église. D'après sa doctrine, toute congrégation forme une Église complète du Christ, indépendante de tout contrôle terrestre. La société chrétienne ne forme plus un vaste organisme comprenant tous les croyants ; elle se compose d'associations sans liens visibles, invisiblement unies par la foi commune. Le puritanisme a supprimé tous les usages de l'Eglise romaine, et, par crainte d'un formalisme mécanique, condamne même toute liturgie.

Georges Fox, de cordonnier devenu réformateur, fonda la Société des amis ou quakers, comme on les appelle vulgairement. Parmi ses premiers disciples, il compta William Penn, le fils du conquérant de la Jamaïque. William Penn, né en Angleterre où il mourut en 1717, fit son éducation à Oxford. La couronne lui concéda les terrains de la Dalaware, en échange des sommes considérables qu'elle devait à son père ; en 1680, il s'y transporta avec ses prosélytes et donna à la colonie nouvelle le nom de Pensylvanie, et à la capitale celui de Philadelphia, « l'amour fraternel. » Cet établissement s'accrut très-vite, grâce à la persécution qui poursuivit, jusqu'en 1686 sous Jacques II, les quakers, pacifiques mais inflexibles républicains. Penn garantit un libre accès aux chrétiens de toutes les confessions.

Le quakérisme répudie tout culte extérieur et fait dériver la morale de son grand principe de « la lumière intérieure, » communication intime entre Dieu et l'homme. Cette « lumière » rend inutile l'étude de toute théologie; l'abolition des sacrements et des fonctions cléricales en est un corollaire évident. Les Amis ne reconnaissent d'autre baptême que celui de l'esprit, et d'autre communion que l'union spirituelle avec le Christ. A leurs yeux, les textes sacrés n'ont de valeur qu'à la condition d'être vivifiés par le principe interne et supérieur confié directement à tout homme par Dieu même. Souvent les quakers restent réunis deux heures dans leurs temples sans prononcer un seul mot, quand l'esprit ne s'est communiqué à aucun d'eux. Les femmes, plus impressionnables, prennent souvent la parole. Le beau côté du caractère quaker est une extrême simplicité, une vraie philanthropie, une sympathie générale pour les opprimés. Cette secte, malgré sa faible importance numérique, n'en a pas moins eu une influence considérable sur les mœurs de l'Union. Les Américains lui doivent, en plus grande partie, cet immense progrès de la séparation de l'Église et de l'État.

L'introduction du catholicisme en Amérique précède celle du protestantisme, puisque les découvertes de Colomb et d'Amérigo Vespucci sont antérieures à la réforme du XVIe siècle. Des motifs religieux décidèrent l'entreprise du grand aventurier ; la reine de Castille resta sourde à ses demandes quand il fit briller à ses yeux l'acquisition d'immenses domaines et de trésors inépuisables; mais lorsque l'enthousiaste lui parla des pauvres païens dont il fallait sauver les âmes, la reine émue lui jeta ses joyaux. Quelques mois plus tard, Colomb planta l'étendard de la croix sur San-Salvador, et prit possession du nouveau monde au nom du Christ et du roi d'Espagne. Bientôt après il écrivit à la reine : « Faites des processions, célébrez des fêtes, ornez les temples de branchages et de fleurs; car le Christ se réjouit sur la terre et dans le ciel à la vue de tant de rédemptions futures. » A la réception de ce message, Ferdinand et Isabelle tombèrent à genoux, et décidèrent que les Indiens revenus avec Colomb se prépareraient à recevoir les ordres pour porter la parole de Dieu dans leur pays. En 1498, douze prêtres partirent pour l'hémisphère occidental. Le fanatisme déshonora leurs tentatives ; d'après un écrivain catholique, « en vain on élevait des églises et l'on établissait des siéges épiscopaux, les Indiens prenaient de plus en plus en haine la religion de leurs oppresseurs ; et le cacique Hatney disait se soucier assez peu d'un paradis où l'on rencontrait des Espagnols. »

La première apparition du catholicisme, sur le territoire actuel de l'Union, date de 1512, avec Jean Ponce de Léon. Après plusieurs essais de colonisation infructueux, les Espagnols, au nombre de deux mille cinq cents, accompagnés de six cents nègres, fondèrent la ville de Saint-Augustin, de quarante ans la plus ancienne cité de l'Union. Ils massacrèrent neuf cents huguenots, établis un peu plus au nord, « non comme Français, mais comme hérétiques. » Des protestants vinrent de France venger leurs frères, et tuèrent quelques colons, « non comme Espagnols, mais comme assassins ; » l'insuffisance de leurs forces ne leur permit pas de tenter une occupation.

En 1634, deux cents gentilshommes anglais catholiques, accompagnés de leurs serviteurs, s'établirent dans le Maryland, sous la conduite de lord Baltimore, et proclamèrent la liberté de conscience la plus illimitée. Des liens historiques fort honorables rattachent donc l'Église romaine à la Confédération du Nord.

L'influence du catholicisme se développa par l'acquisition de la Louisiane (1803), de la Floride (1820), du

Texas (1844), et plus encore par l'émigration catholique de l'Irlande. La Bavière, le Wurtemberg, Bade, envoyèrent aussi leurs contingents. Saint-Pierre à New-York, Saint-Alphonse à Baltimore, les plus beaux monuments religieux de l'Amérique, appartiennent au culte romain. La Nouvelle-Orléans fournit un nombre considérable de prêtres et de sœurs de charité.

Les catholiques forment environ le dixième de la population ; leur organisation leur permet d'agir avec une grande unité. Le haut clergé se compose d'hommes d'une grande honorabilité ; la surveillance jalouse des protestants le maintient à un niveau moral très-élevé, qui contraste avec la dépravation des prêtres du Mexique et de l'Amérique du Sud. L'Europe et surtout la France contribuent aux constructions imposantes des cathédrales de l'Union. La jeunesse protestante fréquente volontiers les écoles des jésuites ; des sœurs de charité dirigent des infirmeries et des asiles ; enfin, de paisibles monastères apparaissent çà et là, comme de vraies anomalies, au milieu de la fiévreuse activité yankee.

L'Église romaine manie la presse avec habileté ; elle imprime et répand tous les bons ouvrages orthodoxes anciens et modernes. Baltimore voit fréquemment des conciles nationaux se rassembler dans son sein. Le catholicisme combat par tous les moyens, et proclame bien haut ses espérances. Ses champions les plus remarquables sont des protestants convertis, tels que les rédacteurs du *Journal de l'homme libre*, de New-York ; du *Catholic*

Herald, de Philadelphie; du *Berger de la vallée*, de Saint-Louis. L'Église catholique tire vanité de la conversion d'Oreste Browson, de Boston, en 1844 ; devenu évêque, il n'en continua pas moins à professer les plus énergiques convictions républicaines, et à compter parmi les plus fougueux démocrates.

Les catholiques américains basent toutes leurs espérances sur la séparation de l'Église et de l'État ; ils ne pensent pas que le protestantisme, sans l'appui du bras séculier, puisse résister à la puissante homogénéité de l'Église de saint Pierre, et le considèrent comme destiné à se dissoudre en poussière. Ainsi doivent penser, en effet, tous ceux qui ont vraiment la foi.

Le catholicisme jouit, en Amérique, d'une liberté d'action que lui refusent, en Europe, tous les monarques chrétiens ; aussi suis-je fort disposé à croire à la vérité de ce propos prêté à l'avant-dernier pape : « Il est un pays où je suis tout ; c'est celui où je ne compte pour rien. »

Fait étrange, néanmoins positif, l'extrême violence des feuilles catholiques contre le protestantisme — et *vice versa* — ne trouble en rien l'harmonie pratique des deux religions rivales.

La majorité de l'Église romaine appartient au parti démocratique.

Le trait saillant de l'état ecclésiastique de l'Union est la séparation de l'Église et de l'État. L'exemple du nouveau continent dément de la façon la plus formelle la prétendue nécessité de l'appui du bras séculier pour soutenir la religion. Le président, les gouverneurs, le congrès, n'ont aucune qualité pour s'immiscer dans les affaires religieuses ; la constitution le leur interdit. Les officiers de l'État ne jouissent d'autres prérogatives ou préséances que celles dont les sectes auxquelles ils appartiennent veulent bien les honorer ; elles se montrent fort peu disposées à ce genre de concessions. Toute confession a droit à la protection des lois pour la garantie de ses propriétés et de l'exercice de son culte. L'État ne connaît aucune forme spéciale de christianisme ; l'influence de la religion est purement morale, jamais officielle.

Les premiers colons ne professaient pas, tant s'en faut, de semblables doctrines. A l'exemple de Calvin, John Knox prenait pour idéal la théocratie de l'Ancien Testament, et considérait la société civile comme une simple dépendance de la société religieuse. Au Massachussetts, les puritains fondèrent une Église-État fort rigide ; on y punissait, comme délits politiques, non-seulement le blasphème et l'infidélité ouverte, mais toute infraction au code chrétien. A Boston, on persécuta les quakers ; à Salem, on brûla des sorciers. Les dernières traces de l'Église-État ne disparurent dans le New-England qu'à la révolution. L'Église hollandaise à New-York, l'Église épiscopale dans la Virginie, se montrèrent d'une intolérance extrême envers les sectes dissidentes.

La gloire de l'introduction des deux beaux principes d'universelle tolérance et de séparation de l'Église et de l'État revient au baptiste Roger William, au catholique Baltimore, et surtout au quaker Penn. Roger William, victime du fanatisme au Massachussetts, fonda Rhodes-Island en donnant asile à toutes les confessions. Le Maryland eut la noblesse de ne point rendre au protestantisme les persécutions subies par ses colons dans la métropole. Mais le grand apôtre de la liberté religieuse fut W. Penn; ce brave et brillant gentilhomme, devenu subitement humble quaker, supporta pour sa foi toutes les douleurs, depuis l'exil et la prison jusqu'à la malédiction paternelle. Heureusement le vieil amiral revint, à son lit de mort, sur ce dur jugement, et bénit son fils de son opposition paisible, mais obstinée, aux prêtres et aux rois.

« Le quakérisme, disait Cromwell, après de vains efforts pour s'attirer ce parti rebelle à son pouvoir, est la seule religion que j'aie vue résister aux Guinées. »

A la révolution, la séparation de l'Église et de l'État devint générale. La Virginie donna l'exemple, en supprimant les priviléges de l'Église épiscopale. Le congrès inséra dans la constitution l'article suivant :

« Le congrès ne fera aucune loi pour établir ou prohiber une religion quelconque. »

Les États-Unis ne poursuivirent point les Mormons pour leur foi, mais pour leurs doctrines sociales, qui renversaient toute l'économie civile par l'établissement de la polygamie. Les superstitions de Joe Smith inspirèrent le dégoût; sa tentative d'introduire la pluralité des femmes souleva les colères.

Le culte officiel sème l'hypocrisie et récolte le mépris.

Par la séparation de l'Église et de l'État, la nation n'entendit nullement renoncer au christianisme ; cette séparation fut l'œuvre d'hommes pieux. La religion a une action moralisatrice plus puissante quand elle est la libre expression des convictions personnelles.

Le principe volontaire supplée à la protection de l'État; ce dernier ne subvient en rien à l'érection des églises, à la fondation des séminaires. Aucun impôt ne se prélève dans ce but ; on donne par conviction ou par amour-propre. A New-York, on ne compte pas moins de trois cents églises, et dans le nombre de fort belles, surtout dans Broadway et dans la cinquième avenue ; Brookly en possède encore plus, par rapport à sa population. Dans le New-England, on trouve en moyenne un établissement religieux pour cinq cents âmes ; tous ne sont pas, loin de là, des chefs-d'œuvre d'architecture, mais on ne peut s'empêcher de remarquer leur convenance parfaite avec les besoins de la congrégation.

On s'occupe de l'église que l'on a dotée, on désire voir fructifier ses sacrifices ; le système volontaire excite ainsi l'activité religieuse des laïques.

L'Amérique honore les ministres de toutes les sectes ; leur responsabilité devant leurs coreligionnaires et la rivalité des confessions les obligent à conserver une grande dignité.

Il serait déraisonnable de demander à la jeune Amérique le degré de culture scientifique et esthétique du vieux monde. On doit s'étonner, au contraire, des rapides progrès d'une nation dont l'existence date à peine de deux cents ans. Peut-être avons-nous le droit de lui reprocher un peu d'orgueil et de lui rappeler avec quelle masse de connaissances, accumulées par nous depuis des siècles, elle a commencé sa carrière.

L'ignorance seule a pu peindre le Yankee comme un adorateur exclusif de la fortune. Il sait porter un noble intérêt à toutes les branches de la culture intellectuelle, et le témoigne par une libéralité royale. Dans la Nouvelle-Angleterre, les institutions scientifiques ne reçoivent point rarement des dons de plusieurs centaines de milliers de dollars.

Partout, conséquence logique du système républicain, on fait les plus grands efforts pour répandre à profusion les lumières. De là cet accroissement continu du nombre des colléges, académies, associations littéraires. La plus petite ville tient à honneur d'avoir son séminaire et son institut.

Quelques États ont pris à leur charge l'éducation élémentaire ; mais les cours élevés ne sortent point du domaine privé. Quelques colléges ont été fondés par des Églises. L'État surveille les universités de Virginie et du Michigan, mais telle fut la volonté des fondateurs ; le célèbre collége Girard, de Philadelphie, construit tout en marbre, se trouve dans le même cas. Les élèves puisent, dans ces institutions, des notions conformes aux besoins de la vie publique et pratique. Ils se divisent en sociétés littéraires rivales, qui s'organisent et fonctionnent comme les partis politiques. Les jeunes gens se brisent, dans ces meetings, à la manœuvre des assemblées, et s'apprêtent ainsi à traiter les affaires de la république.

Le nombre des écoles de médecine surpasse beaucoup celui des écoles de droit. Philadelphie s'enorgueillit de sa faculté de médecine réservée aux femmes ; création dont Laboulaye s'est plu à faire ressortir les avantages.

Les séminaires d'ancienne date, comme ceux des indépendants à Andover, des presbytériens à Princeton, possèdent de belles bibliothèques, de vastes établissements, de nombreux professeurs.

A Washington, siége, dans un magnifique édifice gothique, l'institut Smith Sorrian, du nom de son fondateur, Anglais fort riche, qui le créa, sous le contrôle de trois secrétaires du congrès, « pour la diffusion des lumières parmi les hommes. » Quoiqu'il ait les sciences naturelles pour principale destination, on lui doit des recherches consciencieuses sur les langues et antiquités indiennes. Ses publications sur cette matière peuvent passer pour des chefs-d'œuvre de gravure et d'impression.

Les colléges riches achètent des bibliothèques complètes; le séminaire baptiste de Rochester fit l'acquisition de celle de Néander. Parmi les libéralités notables en faveur des bibliothèques, on peut citer celle de Jacob Astor, Allemand de naissance, qui légua cinq cent mille dollars.

Les journaux jouent un grand rôle dans l'éducation américaine. Tout parti politique, secte religieuse, école théologique, association philanthropique ou littéraire, tout village enfin a son organe par lequel il cherche à captiver l'opinion. Le nombre des revues mensuelles ou hebdomadaires est inimaginable. Les journaux font partie du nécessaire comme l'alimentation. Tout citoyen en reçoit au moins un, parfois une demi-douzaine. Le *Harper's magazine*, journal mensuel illustré, paraît à plus de deux cent mille exemplaires ; le *Times* n'a jamais atteint un tirage comparable à la *Tribune de New-York*. Les feuilles religieuses trouvent nombre de lecteurs assidus.

Tous les ouvrages européens de quelque valeur, réimprimés en Amérique, s'y vendent à moitié prix ; c'est principalement l'œuvre de la plus vaste imprimerie du monde, celle des frères Harper. En 1853, un incendie la dévora tout entière ; le lendemain, les Harper, établis dans une nouvelle rue, reprenaient leurs travaux avec une énergie bien américaine.

Les journaux n'ont pas nui au développement de la littérature.

Parmi les romanciers, les noms de Cooper, Edgard Poë, Channing, Longfellow.., jouissent en Europe d'une juste popularité, ainsi que ceux de mesdames Stowe et Fanny Fern. Qui n'a pas lu la *Case de l'oncle Tom?*.... Le saint-père lui-même n'a pas dédaigné de mettre cet ouvrage à l'index, avec le *Cosmos* de Humboldt, et l'*Histoire d'Angleterre* de Macaulay.

Prescott, Bancroft, Washington Irving, peuvent se

classer, comme historiens, à côté des plus éminents du vieux monde.

La jurisprudence s'honore des noms de Kent, Story, Marchall.

Dans les sciences naturelles, l'Amérique ne le cède à personne ; elle peut citer, avec orgueil, Morse, l'inventeur du télégraphe électrique ; peu d'auréoles, en Europe, ne pâlissent pas devant celle du grand Maury.

Dans ce pays de meetings, où tout le monde apprend à parler en public dès l'enfance, le nombre des orateurs, à la tribune ou dans la chaire sacrée, est naturellement plus considérable que partout ailleurs.

Nous ne parlons pas des arts industriels ; sous ce rapport, toute nation doit baisser pavillon devant les États-Unis, même l'Angleterre.

DEUXIÈME PARTIE

CALHOUN

PRÉFACE

DE

LA DEUXIÈME PARTIE

J'ai dû donner à cette étude le nom de Calhoun, parce qu'elle n'est qu'une analyse rapide des travaux de l'éminent Sénateur de la Caroline du Sud.

CALHOUN

ÉTUDE SUR LE GOUVERNEMENT DES ÉTATS-UNIS

Notre système de gouvernement, dit Calhoun, se compose des gouvernements séparés des divers États de l'Union, et d'un gouvernement commun à tous les membres de cette Union, appelé Gouvernement des États-Unis. Les gouvernements séparés, antérieurs à l'Union qui naquit de leur agencement, se basent sur des constitutions écrites. Le gouvernement de chaque État régit le peuple auquel il appartient; celui de l'Union régit ces États conjointement. Tous ces gouvernements, fondés sur le grand principe de la responsabilité des gouvernants devant les gouvernés, se divisent en pouvoirs législatif, exécutif et judiciaire. Les attributions d'un caractère général ressortent de l'Union; les États se réservent les attributions d'un caractère spécial. Chacun de ces gouvernements fonctionne dans les limites de sa compétence ; l'un complète l'autre. Tous deux forment un gouvernement parfait.

La République des États-Unis est démocratique et fédérale.

Démocratique : parce qu'elle ne reconnaît ni ordres, ni classes, ni titres de noblesse, ni distinctions artificielles quelles qu'elles soient. Elle a pour principe la Souveraineté du Peuple qui n'est jamais que déléguée au gouvernement.

Fédérale : car elle repose sur une constitution politique reliant des États séparés, et non sur un contrat social entre individus.

La Convention, qui fonda le gouvernement actuel, se trouva divisée en deux grands partis : l'un national, l'autre fédéral. Au début, le premier l'emporta ; mais le second obtint l'influence définitive.

L'acte de déclaration de l'Indépendance eut pour titre : « Déclaration unanime des treize États-Unis de l'Amérique. » Dans cette déclaration, la souveraineté de chacune des Colonies est nettement formulée ; et, à ce titre, elles ont individuellement pleins pouvoirs pour déclarer la guerre, conclure la paix, contracter des alliances. Les membres de la Convention, qui élevèrent l'édifice de la Constitution actuelle, ont toujours admis que les États ne perdraient point, par leur union, les droits de souveraineté dont ils avaient joui sous la Convention et le Gouvernement révolutionnaire.

Les divers États adoptèrent des constitutions séparées, agissant avec leur plein caractère d'indépendance, et ratifièrent la Constitution des États-Unis avec le même caractère. Les votes furent comptés par État pour la rédaction de la Constitution, dont la ratification fut ensuite soumise au Peuple de chaque État.

L'acte constitutionnel devait seulement lier les États qui lui donneraient leur adhésion, comme il est dit dans le septième article :

« La ratification de la Constitution par neuf États sera suffisante pour son adoption entre les États qui la ratifieront. »

North-Carolina, Rhodes-Island n'adoptèrent point d'abord la Constitution et furent considérés quelque temps comme des États étrangers.

Pendant leur condition coloniale, les États formaient des communautés distinctes, ayant chacune sa Charte et son Gouvernement séparés, sans autre lien que la commune sujétion à l'Angleterre. L'union naquit de leur résistance aux empiétements de la mère-patrie; elles prirent le nom de Colonies-Unies et le conservèrent jusqu'à la Déclaration de l'Indépendance.

Cette déclaration se fit par l'organe des délégués des diverses colonies. Elle fut dite unanime, non en raison de l'unanimité des délégués, mais en raison de la majorité des votes dans chaque délégation.

L'acte des Colonies rassemblées en Congrès est une déclaration par laquelle les Colonies cessent d'être dépendantes pour devenir des États libres, sans autre changement dans leur situation que la scission avec la métropole.

Sous la pression de la guerre révolutionnaire, les États désignèrent un comité pour tracer un plan de confédération ; mais les divers États, bien loin de vouloir immerger leurs existences distinctes en un seul corps de nation, se montrèrent fort avares dans la délégation des pouvoirs à la Confédération.

Le préambule de la Constitution est ainsi conçu :

« Nous, les Peuples des États-Unis, dans le but d'établir une union plus parfaite, d'assurer la tranquillité domestique, de pourvoir à la défense commune, de faire progresser l'intérêt général, et de garantir les bienfaits de la Liberté, tant à nous qu'à nos descendants, établissons la Constitution des États-Unis d'Amérique. »

La Constitution, reconnue séparément par chacun des États, fut donc établie pour leur bien commun en qualité de sociétés indépendantes. C'est un contrat entre les divers États et non un gouvernement au-dessus d'eux.

La Constitution s'adresse individuellement aux États pour la mise en action des pouvoirs.

Les membres d'une des chambres du Congrès sont nommés par les *Législatures* de leurs États respectifs, et les membres de l'autre chambre par les *Peuples* des divers États.

Le Président et le Vice-Président sont nommés par des électeurs élus eux-mêmes dans les divers États.

Toute proposition d'amendement à la Constitution doit réunir, dans le Congrès, les deux tiers des votes, ou être présentée par les deux tiers des Gouvernements des États. L'amendement ne fait partie intégrante de la Constitution qu'après acceptation par les trois quarts des États émettant leur opinion soit par les législatures, soit par des pouvoirs spéciaux délégués par le Peuple à cet effet.

Le second article de la Constitution déclare :

« Chaque État retient sa souveraineté, sa liberté, son indépendance, ainsi que tous pouvoirs, juridictions ou droits non expressément délégués aux États-Unis rassemblés en Congrès. »

Le gouvernement des États-Unis se rapproche tantôt d'un gouvernement national, tantôt d'une confédération. Il a certainement la confédération pour base, mais il agit par un gouvernement unique et non par un congrès de délégués. Dans une confédération véritable, le corps qui la représente est en réalité une assemblée de diplomates discutant la mise à exécution d'une ligue ou d'un traité entre divers Souverains. Le système américain a substitué un gouvernement à de pareilles assemblées ; il est sans précédents.

L'adoption de la Constitution américaine amena ce changement important : elle transforme l'union antérieure des *gouvernements* des États en union entre les *peuples* de ces divers États.

Antérieurement, les gouvernements des États, émanant seuls *directement* du Peuple, étaient supérieurs à la Confédération, car en LUI réside la Souveraineté. Le gouvernement fédéral, provenant de la même source, est l'égal du gouvernement de chaque État.

Pendant la Confédération, les votes se comptaient par délégation, chacune d'elles émettant un vote. Les divers États jouissaient donc d'une influence indépendante de leur population.

En 1790, la population des treize États s'élevait à 3,394,503; celle des sept petits États — 959,801 — n'en formait pas le tiers. La convention votant par États, moins du tiers de la population pouvait arrêter la proposition de la Constitution.

Son adoption définitive exigeait l'acceptation de neuf États sur treize. Malgré leur infériorité numérique, quatre petits États — Delawarre, Rhodes, Island, Géorgie; New-Hampshire, 336,948, — moins du dixième de la population totale, avaient le droit de s'opposer à la ratification.

Les amendements à la Constitution sont présentés selon deux modes :

1° La proposition émane des deux tiers des Chambres du Congrès.

2° La proposition émane des deux tiers d'une Convention de délégués des États convoqués à cet effet.

L'amendement proposé ne devient constitutionnel qu'après ratification par les trois quarts des États.

L'Union se compose actuellement de trente États; par suite, onze petits États — 1,638,521 âmes — peuvent arrêter une proposition d'amendement faite par les dix-neuf grands États — 14,549,082. Tout amendement proposé peut être rejeté par les huit petits États — 776,969 — malgré les vingt-deux grands États — 15,410,635. En revanche, vingt-trois petits États — 7,254,400 — imposeraient un amendement aux sept grands États — 8,933,204. Enfin seize petits États — 3,411,672 — dissoudraient l'Union par le simple refus d'envoyer des Sénateurs aux Congrès.

Le gouvernement démocratique des États-Unis, basé sur le principe de la majorité concourante, est donc la plus énergique négation du principe de la majorité numérique.

L'Union se divise en trois départements : Législatif, Exécutif, Judiciaire.

Le pouvoir législatif réside dans le Congrès composé de deux corps : Le Sénat, la Chambre des Représentants.

Chacune des législatures des États nomme deux Sénateurs pour le terme de six années. Le renouvellement se fait par tiers tous les deux ans. Les Sénateurs votent par tête, non par État. Le Sénat représente la Souveraineté des États ; sauf son incompétence en matière d'impôt, il jouit de tous les droits de la Chambre des Représentants ; la nécessité de répartir les impôts proportionnellement à la population justifie cette incompétence.

En revanche, le Sénat valide les traités et forme une haute cour de justice pour certaines accusations.

Quand les membres du collége électoral ne s'entendent point sur la nomination du Vice-Président, cette nomination est dévolue au Sénat.

La Chambre des Représentants se compose de Membres élus par le peuple pour deux ans. Le nombre des Représentants de chaque État est proportionnel à sa population. Sont électeurs : tous les citoyens qui jouissent du droit de suffrage à leurs propres législatures. La Chambre des Représentants a seule droit d'accusation. Quand le collége électoral ne parvient pas à nommer le Président, la Chambre le choisit parmi les trois candidats qui ont obtenu le plus grand nombre de voix.

Le Président des États-Unis est revêtu du pouvoir exécutif. Lui et le Vice-Président sont nommés par des électeurs désignés dans chaque État; le nombre des électeurs de chaque État égale son nombre de Représentants au Congrès, Sénateurs et Représentants réunis.

Quand un seul candidat ne réunit pas la majorité des votes, la nomination est dévolue, comme il a été dit plus haut, au Sénat et à la Chambre des Représentants.

Le pouvoir judiciaire réside dans une cour suprême et dans des cours inférieures que le Congrès peut établir. Le Président nomme les Juges, avec l'assentiment du Sénat.

Le Président peut être mis en accusation. La Chambre porte l'accusation, le Sénat prononce le jugement.

De cette organisation complexe, il résulte que le but constant de la Constitution est de faire prédominer le principe de la majorité concourante sur celui de la majorité numérique.

Tout bill doit obtenir l'approbation du Président, outre la majorité dans les deux Chambres. Quand le chef du pouvoir exécutif appose son veto, le bill, renvoyé aux Chambres, doit réunir les deux tiers des voix du Congrès pour avoir force de loi.

La majorité concourante formant, dans toutes ses parties, les éléments mêmes de l'édifice, la République des États-Unis est une démocratie constitutionnelle et non une démocratie absolue.

L'Union, simple fraction du gouvernement, représente les États dans la sphère des pouvoirs délégués. D'après la Constitution fédérale, les États sont égaux indépendamment de leur puissance, comme, dans chaque État, les citoyens sont égaux indépendamment de leur fortune.

Chaque État a son gouvernement propre, organe des pouvoirs réservés.

Des colonies dépendantes de la Grande-Bretagne occupaient autrefois la région actuelle des États-Unis. Elles jouissaient de Chartes qui, tout en laissant la Souveraineté à la Couronne, garantissaient la représentation populaire au moins dans une Chambre. Ces communautés — liées par l'origine et le langage, la similitude de religion, de lois et de mœurs, par le danger commun auquel les exposait le voisinage des tribus indiennes — n'avaient aucune connexion politique. Les éléments du gouvernement si original de l'Union se trouvent dans cette identité d'intérêts.

La Révolution n'apporta d'autre changement à cet état de choses que l'expulsion des autorités anglaises et la transformation des colonies en États Souverains. La Souveraineté appartenait, en effet, à la Couronne; la rupture de chaque colonie avec la métropole lui reversait cette souveraineté; et le seul lien des Colonies, politiquement séparées, fut la nécessité de la défense commune. La déclaration d'indépendance, en brisant l'autorité britannique, ne détruisait pas les pouvoirs antérieurs émanés du peuple; aussi la Révolution s'accomplit-elle sans désordre.

L'expérience montra bientôt l'insuffisance de la Confédération pour la garantie des intérêts communs.

La désunion semblait un crime; la consolidation en une nation homogène répugnait.

De la nécessité d'éviter ces écueils naquit le gouvernement actuel basé sur ces principes :

1° Division du territoire en États Souverains.

2° Division du gouvernement en pouvoirs délégués et en pouvoirs réservés.

Cette solution permit aux États de conserver leur indépendance, tout en les protégeant contre les dangers du dehors.

Les États conservèrent toutes les attributions qu'ils pouvaient exercer avec plus d'avantage; on abandonna à l'Union l'administration des intérêts communs.

Tous les pouvoirs, non délégués à l'un, étant réservés à l'autre, les deux gouvernements sont nécessaires pour former un gouvernement complet.

Considérons dans leur ensemble toutes les parties du système.

Les peuples des Trente États se sont liés en une grande communauté fédérale par un contrat solennel basé sur ces larges divisions :

Pouvoir constituant.
Pouvoir législatif.

Ce dernier pouvoir se partage lui-même en deux sections :

Gouvernement commun aux États.
Gouvernement spécial à chaque État.

Enfin ces deux derniers pouvoirs de nature si différente se décomposent encore ainsi :

Pouvoir législatif.
Pouvoir exécutif.
Pouvoir judiciaire.

Doivent être réservés tous les pouvoirs avantageusement exercés par chaque État ;

Doivent être délégués tous les pouvoirs avantageusement exercés par le Gouvernement central.

Ce principe détermine deux ordres de pouvoirs à déléguer : Le premier concerne les rapports des États avec le reste du globe; le second, le rapport des États entre eux.

Au dehors, les États sont UN; au dedans, ils sont PLUSIEURS, d'où la devise *E pluribus unum.*

La nécessité d'un gouvernement commun pour la direction des intérêts extérieurs forme le plus solide lien de l'Union.

Le Président et le Sénat mènent les affaires étrangères; le premier négocie les traités avec l'assentiment de cette assemblée. Le besoin du secret conduisit à confier la surveillance des négociations au Sénat. Pour tempérer les dangers de ce pouvoir considérable en un si petit nombre de mains, la Constitution exige l'approbation des deux tiers du Sénat.

On doit remarquer la différence de rédaction usitée pour la délégation des pouvoirs extérieurs et des pouvoirs législatifs. Quelques mots confient les premiers au Président et au Sénat; la Constitution dit simplement : « Le Président conclut les traités avec l'approbation des deux tiers du Sénat. » Les pouvoirs législatifs du Congrès sont, au contraire, énumérés et spécifiés avec un soin minutieux. La raison en est évidente : les affaires étrangères ressortent exclusivement de l'Union; par suite, il suffisait d'indiquer quelle section du pouvoir central en serait revêtue : Le gouvernement fédéral et les gouvernements des États se partagent évidemment, à l'encontre, les attributions législatives.

Néanmoins, bien que la politique extérieure soit l'apanage de l'Union, elle ne peut modifier les frontières d'un État sans son consentement.

La première catégorie des pouvoirs délégués embrasse le droit : de déclarer la guerre — donner des lettres de marque — régler la distribution des prises — lever et entretenir des armées — pourvoir la marine — régler les traités de commerce — exercer une juridiction exclusive sur les places fortes, magasins, chantiers... de l'Union, avec le consentement de l'État dans lequel ils se trouvent.

L'Union intervient dans les relations des États entre eux pour : l'établissement des postes et routes — la détermination de règles uniformes de naturalisation — l'extradition de banqueroutiers — la garantie des droits d'auteurs et d'inventeurs — le battement des monnaies — la fixation des poids et mesures — la Constitution de la milice (en réservant aux États la nomination des officiers) — le prélèvement des impôts — la juridiction exclusive sur un district de dix milles carrés réservé au siége de l'Union.

Tout ce qui touche aux relations extérieures des États entre eux est réglé par des articles de la Constitution: C'est un traité sous forme de pacte constitutionnel.

La Constitution prévoit : qu'aucun droit ne sera perçu sur les articles circulant d'un État dans l'autre, qu'aucun navire ne sera soumis à des droits en se rendant d'un État dans un autre — que les citoyens de tout État jouiront des priviléges et immunités accordés aux citoyens de l'État dans lequel ils se trouvent — que toute personne accusée de trahison, félonie ou crime sera livrée à l'État qui a juridiction compétente. — Enfin l'Union garantit à chaque État la forme républicaine et l'application de ses lois entravées par des dissensions domestiques.

La Constitution interdit, dans toute l'Union, les bills de proscription, les lois *ex post facto*, la suspension du bill d'*habeas corpus*.

Elle pourvoit à son propre amendement et à l'admission de nouveaux États dans l'Union.

Douze amendements ont été ajoutés au pacte fédéral depuis son adoption. Ils assurent la liberté de conscience, de discours, de presse et de pétition. — Ils interdisent le logement militaire; la saisie des papiers et effets; l'arrestation des personnes sans la plainte formulée par un jury. — Ils prescrivent le jugement par jury pour toute affaire de plus de cent dollars.

Le Président veille à l'exécution des lois — ajourne les Chambres quand elles sont en désaccord — jouit du droit de veto sur le Congrès — nomme les ambassadeurs, ministres et consuls avec l'agrément du Sénat — demande réparation des offenses faites à l'Union et conclut des traités approuvés par les deux tiers du Sénat — commande en chef les armées de terre et de mer.

Une Cour suprême exerce le pouvoir judiciaire; elle connaît de tous les cas qui peuvent s'élever soit entre États, soit entre États et citoyens. — Elle interprète la Constitution et peut annuler comme inconstitutionnelle toute loi votée par le Congrès.

En dehors des questions relatives aux rapports des États entre eux ou avec l'étranger, la compétence des gouvernements séparés est supérieure à celle de l'Union. Leur connaissance des intérêts locaux est plus exacte, leur responsabilité devant le peuple plus effective.

Comment les trois pouvoirs — législatif, exécutif, judiciaire — se protégent-ils mutuellement contre l'inévitable tendance à l'oppression, par l'un d'entre eux?

Le pouvoir législatif trouve sa garantie dans l'inviolabilité des Représentants et l'interdiction des poursuites pour tout discours ou débat dans les Chambres.

Le Président trouve sa garantie dans son droit de veto, et dans l'immense influence que lui donne la distribution des honneurs et des émoluments.

Le Pouvoir Judiciaire trouve sa garantie dans son droit d'annuler toute mesure comme inconstitutionnelle, la Constitution étant supérieure à toute loi.

Enfin l'équilibre se maintient entre les divers départements par le droit de veto d'une Chambre sur l'autre.

La protection des pouvoirs délégués, comme celle des pouvoirs réservés, se trouve dans leur énumération et leur spécification faite par le pacte constitutionnel.

La majorité des États d'une part, la majorité de la population fédérale de l'autre ont toujours concouru à favoriser le gouvernement de l'Union. Le danger ne se trouve point dans la dissolution, comme on l'avait cru d'abord, mais dans la consolidation.

Tout organisme fonctionne par une action et une réaction réciproques; de là l'axiome politique : Point de Constitution sans une division des pouvoirs; point de Liberté sans une Constitution. A quoi il faut ajouter : Point de division des pouvoirs sans garanties données à ces pouvoirs.

Le parti de la Convention, qui tenait pour un gouvernement national, voulut doter l'Union du droit de veto sur les actes des gouvernements séparés. Il fallut y renoncer devant les résistances des États; l'opinion publique soulevée obligea même la Convention à déclarer, par le 10e article, que tout pouvoir non expressément délégué est positivement réservé.

Si les gouvernements constitutionnels peuvent mener aux collisions, les gouvernements absolus conduisent à l'oppression. Il ne faut donc pas hésiter à proclamer le droit de tout État de sortir de l'Union, quand le pouvoir fédéral viole la Constitution. Les peuples des divers États, ayant constitué leurs gouvernements respectifs par eux-mêmes et pour eux-mêmes, ces gouvernements sont liés par un contrat entre eux, et non par un gouvernement au-dessus d'eux.

Le système protecteur, si funeste à tous les peuples, devait mettre plus aisément au jour, sous un régime fédéral, ses conséquences déplorables. En effet, l'Union, en usurpant le droit de déclarer quels produits devaient être favorisés de protection ou de primes, sortait manifestement de ses attributions et attentait à la souveraineté des États. Quelques-uns d'entre eux montrèrent, avec évidence, combien ce système consacre l'enrichissement d'une partie de la communauté au détriment de l'autre.

Cet attentat aux pouvoirs réservés conduisit à la formation du parti Républicain groupé autour de Jefferson. Le Kentucky et la Virginie rappelèrent que les États ne sont point unis par une soumission commune à l'Union, mais par un contrat bilatéral; et que, par suite, il est impossible de lui conférer le droit exclusif de décider de l'étendue de ses pouvoirs. Madison, secrétaire de la trésorerie et promoteur des mesures restrictives, se rallia lui-même à Jefferson, et formula le droit des États de déclarer seuls si le contrat avait été violé. Le travail de Madison et les déclarations de Kentucky et de la Virginie formèrent les bases et la doctrine du parti Républicain qui se maintint longtemps au pouvoir par une fidèle exécution du pacte fédéral.

A l'expiration de la présidence de Jefferson, Madison dut, à son grand regret, déclarer la guerre à la Grande-Bretagne. La prépondérance du parti national en fut la conséquence inévitable. Les États, dans l'intérêt de leur Souveraineté, doivent s'opposer à toute guerre qui peut être honorablement évitée; la guerre entraînant toujours la confiscation des libertés.

L'accroissement des dépenses publiques, nécessité par le conflit avec l'Angleterre, demanda une augmentation de revenus, qui valut au pouvoir central un surcroît d'influence. La lutte de l'Union contre la Grande-Bretagne mit en faveur le système restrictif, car la guerre et la protection se tiennent. On fut ainsi conduit à une politique contraire à celle de Jefferson.

En 1828, la question des droits protecteurs rompit encore la bonne harmonie qui régnait dans l'Union. Jusqu'alors les droits perçus sur les importations avaient eu le revenu pour but apparent. Cette fois le système osa se proclamer à découvert, car plus de la moitié de l'impôt était consacrée à l'extinction de la dette déjà presque entièrement soldée. Les promoteurs de cette mesure ne cachèrent point leur pensée; toutefois, ils refusèrent à leurs adversaires de l'énoncer sous forme d'amendement, dans la crainte de voir le bill cassé par le pouvoir judiciaire pour cause d'inconstitutionnalité.

Le projet des auteurs de cette loi, qui doublait les impôts au moment où les revenus surpassaient les dépenses, avait pour complément le partage de l'excédant entre les divers États proportionnellement à leur représentation au Congrès. Cette seconde loi eût passé sans le rejet de la première.

Ce bill reçut du peuple le nom de *bill des abominations.*

En 1819-1820, l'admission du territoire du Missouri, comme État de l'Union, souleva de nouveaux orages, parce que la constitution de cet État ne prohibait point l'esclavage. Il en surgit un compromis affectant pour limite aux terres à esclaves le parallèle de 36°30′.

La doctrine de l'abolition rallia d'abord peu d'adeptes, mais elle grandit avec le temps et s'éleva à une haute importance; elle entraînait avec elle la théorie du droit d'intervention dans les affaires domestiques des États.

Les partisans de l'unité nationale, du système protecteur et de l'abolition, se liguèrent contre les partisans des droits réservés et du libre échange. Un préjugé et un crime — l'esclavage s'abritait sous les droits réservés — furent donc la cause de la tempête dans laquelle faillit sombrer la Grande République; il n'est point donné aux Constitutions de prévenir les conséquences de nos fautes et de nos erreurs. De la forme du pacte social dépendent beaucoup le bonheur et la paix publics; mais il n'est au pouvoir d'aucune institution de garantir une société attaquée dans ses éléments vitaux mêmes. Là où le préjugé, l'aveuglement, la passion dominent, toute forme de gouvernement, impuissante à nous sauver, ne nous laisse pas même le choix des maux.

Pour bien comprendre l'organisation de l'Union, il est nécessaire de faire quelques remarques sur les gouvernements des divers États et d'en examiner un en particulier.

Il est plus difficile de donner au gouvernement des États la forme constitutionnelle, par la même raison qui rend l'établissement d'un pacte constitutionnel beaucoup plus aisé chez un peuple divisé par ordres, ou par classes, que dans une communauté démocratique. Les distinctions artificielles, comme celle de la naissance, sont nettement tranchées; on ne peut trouver des catégories aussi distinctes parmi les intérêts si fort enchevêtrés de citoyens égaux.

Néanmoins, il faut en arriver à recueillir l'opinion de la communauté par ses parties, et non par son tout; par la majorité concourante, et non par la majorité numérique.

Aux gouvernements de majorité concourante, appartient en propre le moyen d'éviter les désordres dans lesquels précipitent infailliblement les gouvernements de majorité numérique.

Le gouvernement de la Caroline du Sud, comme celui de l'Union et de tous les États, est divisé en trois départements : Exécutif, Législatif, Judiciaire.

Le pouvoir exécutif est confié à un seul magistrat dont les attributions sont fort limitées. Il est élu par la législature comme les juges.

Le pouvoir législatif se partage entre le Sénat et la Chambre des Représentants. Ce dernier corps se décompose en deux sections renouvelées *alternativement* tous les ans.

Les districts élisent les officiers locaux.

Tout amendement à la Constitution doit être sanctionné; non-seulement par les deux tiers de la législature à laquelle il est soumis, mais encore par les deux tiers de la législature suivante :

La Constitution de cet État a ses racines dans son histoire. Des émigrants de France et d'Espagne le fondèrent au bord de la mer; Charleston en fut la ville principale. Toute l'autorité résida d'abord entre les mains des lords propriétaires; leur pouvoir, odieux au peuple et bientôt chassé, échut à la couronne en partage avec des Représentants élus par les paroisses.

Vers le milieu du dernier siècle, un flot de population venue de New-Jersey, Pensylvania, Maryland, Virginia, North Carolina, se porta entre les cours des rivières et les montagnes, territoire désigné sous le nom de pays élevé.

Le Pays élevé n'eut aucune existence politique jusqu'à la Révolution.

Cet état de choses engendra le mécontentement du Pays élevé qui manifesta le désir de concourir au gouvernement en raison de sa population.

Le Plat-Pays offrit une solution que le Pays élevé accepta. La population et l'impôt déterminèrent le mode d'élection, de manière à assurer la prépondérance du Plat-Pays dans le Sénat et du Pays élevé dans la Chambre des Représentants. Depuis lors, la bonne harmonie n'a pas été troublée.

Trois gouvernements constitutionnels tiennent une grande place dans l'histoire. La République Romaine, le gouvernement de la Grande-Bretagne, l'Union Américaine.

La Pologne se perdit par l'excès du principe constitutionnel, qu'elle poussa aux plus extrêmes limites. On se figure à peine comment un tel ordre social a pu exister. Toute la noblesse — cent soixante à deux cent mille hommes — pouvait se présenter à l'élection du Roi; et chaque électeur par son seul veto avait le droit d'annuler le choix de tous les autres. Chaque membre de la Diète — composée du Roi, des Évêques et des députés de la noblesse — avait droit de veto sur toute loi nouvelle. Le *liberum veto* fut, sans doute, la cause des malheurs de ce grand peuple; néanmoins cette institution étrange se maintint pendant deux siècles; elle permit à la Pologne de s'élever à un haut degré de gloire, et de sauver l'Europe de l'invasion des Turcs.

La confédération des Six-Nations, qui occupait jadis le territoire actuel de New-York, nous offre un autre type singulier de gouvernement constitutionnel. Chaque nation élisait un député qui se choisissait lui-même six collègues. La représentation se composait ainsi de quarante-deux membres, tous armés du droit de veto. Toute mesure devait être prise à l'unanimité absolue. Cette confédération sauvage vit toujours l'harmonie régner dans son sein, et conquit même une grande puissance relative.

Le Peuple Romain se divisait en deux ordres; une ligne de démarcation si tranchée les séparait que la loi interdit, pendant longtemps, le mariage entre les deux castes. A l'expulsion des Tarquins, les Patriciens héritèrent du pouvoir et se montrèrent d'une grande cruauté envers les Plébéiens, quand ils n'eurent plus à craindre le retour de la famille exilée.

D'après le droit des gens de cette époque barbare, les vainqueurs se partageaient les terres conquises; les Patriciens se les adjugeaient : à eux seuls les dépouilles, au peuple les charges de la guerre. A cet égard, les choses ne changeront jamais; la guerre profitera toujours aux grands, et les petits en feront les frais.

Les Plébéiens, réduits à l'indigence, contraints d'emprunter à des taux usuraires, se voyaient vendre ou jeter dans des prisons spéciales par leurs créanciers. Une sourde colère fomenta chez la caste exploitée, une lutte devint imminente.

Toute la politique du Sénat consista dès lors à tourner au dehors l'attention de la Plèbe et à la tenir écartée du forum par une guerre permanente.

Cependant le conflit éclata.

Un vieux soldat couvert de blessures s'échappa de la prison des débiteurs. Pâle, affamé, il fit appel à la foule. L'histoire de ses services et des cruautés dont il avait été victime excita l'indignation de l'armée qui se retira sur le Mont-Sacré. Les Patriciens déléguèrent des commissaires pour traiter avec la révolte; le Sénat dut consentir à l'institution du tribunat chargé de défendre les intérêts de la Plèbe.

Les tribuns furent revêtus du droit de veto sur la promulgation des lois nouvelles et sur l'exécution des lois anciennes. L'autorité restait ainsi entre les mains des Patriciens, mais les Plébéiens s'arrogeaient le contrôle. Par ce seul fait, le pouvoir d'absolu devint constitutionnel et cessa d'être le gouvernement de l'aristocratie pour devenir celui du Peuple Romain.

L'aristocratie anglaise, comme l'aristocratie romaine, maîtresse des terres et des fonctions publiques, eut aussi recours à l'art perfide de passionner les peuples pour la guerre afin d'éviter les réformes intérieures. Ainsi William Pitt, voyant en Angleterre les progrès de la Révolution française, lança le peuple à la conquête de la mer, conquête payée de tant d'or et de sang.

Mais l'aristocratie anglaise, moins rapace ou plus intelligente que les Patriciens, sut mieux se conformer aux intérêts du peuple, et l'on vit ses membres les plus éminents prendre une large part au grand mouvement humanitaire du XIXe siècle, dont la formule pratique est *Paix et Libre Echange*.

Le gouvernement britannique doit son origine à la conquête normande. Les envahisseurs se partagèrent hommes et terres d'après le mode féodal. La crainte inspirée par le peuple vaincu fit sentir aux conquérants le besoin de discipline et de hiérarchie, et les conduisit à revêtir la Royauté de prérogatives bientôt antipathiques à des vassaux fort indépendants de caractère. Des conflits s'élevèrent entre les barons et le monarque. De part et d'autre, on chercha l'appui des communes de jour en jour plus importantes et plus courtisées. Enfin les grands seigneurs les invitèrent à participer au parlement ; le Roi leur concéda le droit de présence, mais sans leur accorder aucun pouvoir effectif.

Les communes durent soutenir une longue lutte et traverser bien des vicissitudes avant d'obtenir une place sérieuse dans le gouvernement. Elles durent renverser les deux autres pouvoirs, et concentrer l'autorité dans une seule chambre, concentration suivie, comme toujours, du dispotisme militaire.

Le successeur trop faible, et surtout trop honnête, du Protecteur ne sut continuer sa dictature ; le mécontentement général restaura l'ancienne dynastie. Cette restauration hâtive se fit sans qu'une constitution précise réglât les divers pouvoirs.

Les Lords et les Communes se coalisèrent de nouveau contre la Royauté.. La dynastie fut encore renversée ; une branche collatérale appelée au trône dut accepter une déclaration de droits positive et nettement formulée. Ainsi fut fondée la Constitution anglaise.

Le Royaume-Uni se divise en trois Ordres : le Roi, les Lords spirituels et temporels, les Communes.

La Constitution confère le pouvoir exécutif au Roi considéré comme premier ordre de l'Etat. Le Parlement promulgue les lois et les soumet à l'approbation du Roi qui, irresponsable lui-même, agit par des ministres responsables. Les Communes peuvent traduire ces derniers devant la Chambre des Lords constituée en Haute-Cour de Justice.

L'action du gouvernement émane donc du concours des trois Ordres.

On ne doit point s'étonner de voir le Roi constituer un Ordre à lui seul. Il ne jouit de cette prérogative ni comme prince ni comme chef de la famille royale. La communauté se divise toujours en deux sections bien distinctes : 1° les fonctionnaires; 2° ceux qui les payent. Le Roi représente la première catégorie des citoyens, de même que les Communes représentent la seconde. La Chambre haute est destinée à maintenir l'équilibre entre ces deux intérêts antagonistes.

Si l'État social n'est point indispensable à la vie physique de l'homme, il l'est du moins au développement des facultés intellectuelles et morales qui l'élèvent au-dessus des autres créatures. Cet état social a pour corollaire le gouvernement.

La cause nécessitante du gouvernement se trouve dans la prédominance de notre amour de nous-mêmes sur nos affinités sociales. Sans doute, il est des cas, d'ailleurs fort rares, où nous sacrifions à nos semblables notre propre personne; mais l'impression profonde, produite par ces exemples mêmes, nous montre combien ils sont en dehors des lois générales de notre être, dont la principale est l'instinct de conservation. Chacun tendrait certainement à subordonner les intérêts d'autrui à ses avantages, s'il n'était arrêté dans cette voie.

Le gouvernement tire donc son origine de l'action de ces deux puissances motrices opposées : l'attraction sociale, l'intérêt personnel.

Mais nous ne devons jamais perdre de vue cette importante vérité : La société, voilà le but; le gouvernement n'est que le moyen. Si la Société et le gouvernement sont congénères, le second n'en est pas moins subalterne.

L'autorité se trouvant confiée à des hommes affligés de toutes les faiblesses de notre nature, nos gouvernants seront infailliblement prédisposés à tout sacrifier à leur propre intérêt si un pouvoir supérieur ne les arrête, pouvoir supérieur qui se résume en une *Constitution*, quelque forme qu'on lui donne.

Toutefois, si la société est impossible sans un gouvernement, on trouve des gouvernements sans Constitution.

Les attributions du pouvoir ont deux objets distincts : la protection contre les dangers du dehors; la répression du désordre au dedans.

L'instinct de conservation, pour les communautés comme pour les individus, primant tous les autres, il en résulte une tendance à l'exagération des pouvoirs protecteurs, de là la difficulté de les maintenir dans des limites rationnelles. Le but des constitutions est de renfermer l'autorité dans ces limites ; ce sont elles qui différencient les gouvernements constitutionnels et les gouvernements absolus.

L'organisation constitutionnelle a donc pour but de fournir des moyens de résistance, à la fois efficaces et paisibles, contre la tendance à l'oppression des pouvoirs dirigeants. Ce but est atteint, en partie, par le droit de suffrage, c'est-à-dire par la responsabilité des gouvernants devant les gouvernés, et par le droit de ceux-ci de choisir les premiers.

Le droit de suffrage de constitue pas, à lui seul, une garantie suffisante ; il donne un contrôle sur les députés, rien de plus, et peut aboutir à un gouvernement absolu et irresponsable.

Le droit de suffrage aurait pour idéal de donner une représentation parfaite de la communauté et de remettre fidèlement le pouvoir à la masse. Le siége de l'autorité se trouverait ainsi changé ; en serait-il de même de sa tendance ?

Dans une communauté d'intérêts identiques, le suffrage constituerait à lui seul un bon gouvernement. Mais il existe des intérêts fort divers que l'autorité maintiendra bien difficilement dans les bornes d'une stricte justice, elle pourra très-aisément, au contraire, avantager les uns, au détriment des autres.

Le suffrage, en transmettant le contrôle du gouvernement à la communauté même, pousse les divers intérêts à s'emparer du pouvoir dans le but égoïste de leur propre agrandissement. Si l'un de ces intérêts ne peut obtenir à lui seul la majorité, il se liguera avec les moins dissemblables pour la conquérir. Cette coalition mettra plus ou moins de temps à se former, mais elle est fatale. Après l'établissement de la majorité, la communauté se trouvera composée d'une minorité soumise, et d'une majorité souveraine disposant du gouvernement et de tous les avantages qu'il confère.

Pour se faire une idée de ces avantages, il suffit de se rappeler que le pouvoir, pour l'accomplissement de son mandat, doit être revêtu des attributions nécessaires à la convocation de toutes les forces de la communauté. Il tient dans sa main de vastes établissements civils et militaires; des fortifications, flottes, arsenaux, magasins..... l'administration de tout ce matériel exige une horde d'employés. Il faut des taxes pour faire face à ces dépenses, et leur prélèvement nécessite un nombreux personnel. Toute cette masse d'honneurs et d'émoluments excite l'ambition et la cupidité, et conduit à elle seule à la formation des partis hostiles. L'impossibilité de satisfaire tous les appétits rend le mal sans remède.

Quelque restreint que soit le nombre des employés, ils n'en vivent pas moins aux dépens de la communauté partagée en payeurs d'impôts et en mangeurs de budget.

Le gouvernement tend toujours à exagérer la taxe pour augmenter son influence. Cette tendance peut en arriver au point d'élever une partie de la nation à la puissance et de précipiter l'autre dans l'abjection. Les conséquences sont désastreuses quand il y a parti pris et système. Une majorité maîtresse se conduira comme un pouvoir irresponsable, et, de tous les pouvoirs irresponsables, le plus irresponsable est celui d'une majorité qui a tout l'égoïsme inhérent à la nature humaine des membres qui la composent.

Quelle que soit la forme du gouvernement, il y a des gouvernants et des gouvernés, des hommes revêtus du pouvoir et des sujets; les uns impliquent les autres. La minorité est sujette dans une démocratie absolue comme la communauté sous un gouvernement despotique. La crainte incessante de la majorité de tomber à l'état de minorité la rend ombrageuse et implacable, et la pousse à ne reculer devant aucun moyen pour conserver la force.

Le suffrage ne suffit donc point, par lui-même, à arrêter le gouvernement dans son inévitable tendance à l'oppression. Le moyen de contenir le suffrage s'appelle *Constitution;* il consiste à empêcher tout intérêt ou coalition d'intérêts à accaparer le contrôle exclusif du pouvoir. Ce but est atteint en donnant un organe spécial à tout intérêt majeur de la communauté, et en l'armant du droit de veto sur les autres organes.

Une telle organisation, combinée avec le droit de suffrage, forme un gouvernement constitutionnel.

Le droit de suffrage établit la responsabilité des gouvernants devant les gouvernés, et l'organisation concourante prévient l'accaparement du pouvoir par une coalition d'intérêts. En un mot, pour que le gouvernement soit l'exécution d'un contrat loyal entre les divers membres de la communauté, il ne lui suffit pas d'émaner du suffrage brutal du plus grand nombre ; il doit encore résulter de l'accord des principaux intérêts représentés séparément par leur majorité propre.

L'opinion de la communauté peut donc être recueillie suivant deux modes bien différents : l'une par le suffrage simple, l'autre par une organisation spéciale. Le premier prend la volonté du plus grand nombre pour celle du tout ; l'autre voit dans la communauté une réunion d'intérêts divers ; elle recueille l'opinion de chaque intérêt par son organe, et regarde la résultante de ces opinions comme celle de la communauté. Le premier mode est celui de la majorité numérique, le second celui de la majorité concourante.

C'est une grave erreur de considérer la majorité numérique comme une fidèle représentation de la communauté et comme la véritable base des institutions démocratiques. Ce système, loin de fonder le gouvernement du peuple par le peuple, n'est que l'oppression d'une partie de la communauté par l'autre ; telle est la cause de son instabilité.

Le principe de la souveraineté numérique a pour première conséquence de rendre toute constitution impossible. Quand la majorité trouvera un obstacle dans la Constitution, elle se croira toujours le droit de la violer. Elle interprétera le pacte fondamental à sa guise ; et, tenant le pouvoir en main, elle mettra son interprétation en vigueur. C'est folie de penser que le parti, maître de l'urne de scrutin, s'arrêtera devant un appel à la Raison et à la Justice.

Le principe de la majorité concourante entraîne, pour chaque organe, la possession du droit de veto. C'est l'unique moyen de résistance efficace et paisible pour arrêter l'action gouvernementale dans sa tendance naturelle aux abus. Cet équilibre des pouvoirs s'appelle une Constitution.

C'est donc l'*Unité du Pouvoir* qui constitue l'absolutisme, qu'il soit en une ou plusieurs mains. Le gouvernement de la majorité numérique est un pouvoir absolu comme la dictature d'un seul ; c'est seulement l'absolutisme de la démocratie, mais avec la même tendance à l'oppression.

On doit donc classer les gouvernements, non en monarchie, aristocratie, démocratie ; mais en constitutionnels et absolus.

Les gouvernements constitutionnels ont pour essence le *contrat*.

Les gouvernements absolus reposent sur la *force*.

Le gouvernement de majorité concourante, qui recueille l'opinion des intérêts en leur donnant un droit de veto, agit toujours sans en léser aucun. Le contract est son principe de conservation. L'entente cordiale se fait sous la pression de la nécessité, et conduit aux concessions mutuelles et volontaires ; car la crainte de l'anarchie est impérieuse comme la force.

Les partisans de la majorité numérique invoquent, en faveur de leur théorie, la possibilité pour la minorité de devenir majorité à son tour. Le résultat sera l'inversion des rôles, la Justice n'y aura rien gagné.

Le gouvernement de la majorité numérique est d'ailleurs une pure hypocrisie. Il divise la communauté en deux camps par la coalition d'intérêts forts divers. La majorité, sous peine de se dissoudre, doit s'astreindre à une discipline sévère ; force lui est donc de se soumettre à une majorité de second ordre formée dans son sein ; celle-ci jouit seule de la puissance. Ce gouvernement, pompeusement appelé gouvernement de majorité numérique, est en fait le pouvoir absolu d'une minorité. Quand la cupidité, exaltée par la convoitise des honneurs et des émoluments, portera l'excitation au comble, la direction tout entière passera aux mains de quelques meneurs. A cette phase, les principes sont mis de côté, toutes les armes sont bonnes : calomnies, mensonges, appel aux passions les plus basses. Dès lors, la communauté ne se partage plus en deux grands partis, deux factions la divisent ; et, comme la faction régnante ne pourra assouvir tous les appétits, elle se verra bientôt abandonnée d'une partie des siens. Le peuple, fatigué de ces oscillations incessantes, cherchera le repos à l'ombre du despotisme d'un seul. Telle est la fin nécessaire de tout gouvernement de majorité numérique.

Plus la communauté sera importante, plus la pente sera rapide. Un très-petit peuple intelligent, avec des goûts simples et des fortunes bien équilibrées, peut, au contraire, pratiquer avantageusement ce système.

La domination de la majorité numérique est toujours suivie d'un appel à la force ; l'appel à la force entraîne la subalternisation du pouvoir civil au pouvoir militaire; la tendance du pouvoir militaire est de se concentrer dans les mains d'un seul.

Unum rectorem ! criait la Plèbe à Brutus et à Cassius.

Tous ces renversements ont le plus souvent le tort d'être inutiles ; car la force nécessaire pour renverser un gouvernement oppresseur suffit généralement pour en élever un plus oppresseur encore.

Les gouvernements constitutionnels ont toujours une propension marquée à dégénérer en pouvoirs absolus ; elle est plus grande encore dans un gouvernement constitutionnel populaire. La jalousie des différents ordres entretient un mutuel respect de leurs priviléges respectifs. Les gouvernements populaires tendent toujours vers la majorité numérique ; or, si la majorité numérique est un organe nécessaire de la démocratie constitutionnelle, c'est une erreur funeste de le considérer comme le seul.

L'un des graves inconvénients du pouvoir absolu de la majorité numérique est de remettre l'autorité entre les mains des classes les plus ignorantes.

La communauté, sous ce régime, se divise en deux grands partis hostiles, affamés d'honneurs et d'émoluments. Ces trois terribles passions du cœur humain, la jalousie, l'ambition, l'avarice, s'exaltent au plus haut degré. Il y a alors interversion de tous les sentiments bien équilibrés de notre nature, et l'instinct de sympathie générale fait place à la haine furieuse du parti opposé. Le bien de la communauté cesse d'être l'objectif de toutes les pensées, et la *Patrie* n'est plus qu'un vain mot.

Le gouvernement de majorité concourante donnant de sérieuses garanties à tous les intérêts, il en résulte un accord général d'où naît le vrai patriotisme.

L'exaltation toujours croissante, sous le régime de majorité numérique, conduit à la fraude, à la violence, et devient un ferment actif de démoralisation publique. Il en doit être ainsi, car l'appel aux mauvaises passions sera toujours, pour les meneurs, le moyen le plus énergique d'arriver au pouvoir.

La Liberté est la source de tout progrès ; la Sécurité est la base même de la Société.

Le besoin *d'ordre* passe avant le besoin de *liberté ;* car si la Liberté a pour fin le développement de notre espèce, l'Ordre a pour fin sa conservation.

La Liberté, pour les peuples comme pour les individus, est peut-être moins un droit qu'une récompense ; elle est impossible chez un peuple ignorant et corrompu. *Les peuples ont toujours le gouvernement qu'ils méritent,* et le degré de liberté dont ils jouissent est une fonction de leurs lumières et de leurs vertus.

Dans l'inégalité des conditions, conséquence forcée de

la liberté, réside le plus puissant promoteur du développement social. Les efforts constants des derniers rangs pour parvenir aux premiers, et des premiers pour conserver leur place, maintiennent seuls l'humanité dans la voie progressive.

Sous ce point de vue, la société repose sur une base équitable, quand elle permet à chacun de s'élever par le développement normal de ses facultés ; elle repose sur une base injuste, quand les premiers rangs peuvent se maintenir au sommet en vertu de priviléges, et quand la déchéance ne suit pas un affaissement dans les efforts ou les facultés.

La Liberté, mère de tout progrès, a toujours pour compagne la Puissance. La puissance se trouve aujourd'hui dans la possession de coûteux engins de guerre ; à valeur égale, le peuple le plus riche sera le plus fort. Mais, à la liberté seule, les peuples doivent cet élément de force, l'Elévation de l'âme, bien supérieur aux agents physiques, et qui leur donne toute leur valeur.

On reproche aux gouvernements constitutionnels leur faiblesse et leur inaptitude à l'action. On ne tient pas assez compte ainsi de la *Nécessité*. Les partis transigent toujours en présence d'un effort urgent, et, tout en se maintenant dans une ligne différente, se font de mutuelles concessions pour atteindre le but.

Tout gouvernement repose, en définitive, sur la nécessité : nécessité de se soumettre à la force sous les gouvernements de majorité numérique; nécessité de conciliation, sous les gouvernements de majorité concourante.

Beaucoup de gens s'imaginent trouver dans la Presse un remède aux mots de la domination exclusive de la majorité numérique. La Presse, en luttant contre l'ignorance, rend les peuples de plus en plus aptes à un régime de liberté, mais elle ne saurait modifier notre nature. La possession du pouvoir n'en restera pas moins un éternel objet d'envie. Le Suffrage et la Presse ne diffèrent pas notablement, le premier ne fait le plus souvent que donner à la seconde une expression authentique et force exécutoire; tous deux sont soumis aux mêmes passions. La Presse pousse à la surexcitation et à la violence; loin d'être un correctif aux maux de la majorité numérique, elle remet des armes terribles aux mains des combattants.

Ce qui séduit dans le gouvernement de majorité numérique, c'est sa simplicité. Les intelligences les plus obtuses en saisissent immédiatement le côté démocratique; il faut une longue étude politique pour en pénétrer les défauts.

Les gouvernements constitutionnels sont généralement nés d'un concours de circonstances heureuses; ils demandent une grande sagesse chez les gouvernants, une haute raison chez les peuples.

Si, par leur nature même, les gouvernants constitutionnels sont d'un établissement difficile, le gouvernement constitutionnel démocratique rencontre de bien plus grands obstables.

Les gouvernements monarchiques ou aristocratiques constitutionnels se sont aisément formés par un compromis entre le roi et l'aristocratie d'une part, et le peuple de l'autre. La constitution se maintient par l'équilibre de deux ou trois partis bien tranchés : Peuple, Roi, Noblesse. Sous ce régime, les peuples ont toujours un grand respect pour les descendants d'illustres lignées, leur prétention ne va pas à l'acquisition du pouvoir tout entier. Ils demandent seulement des garanties contre une oppression trop pesante. D'ailleurs, l'aristocratie redoute un appel à la force : de là, un contrat par lequel le peuple, sans enlever l'autorité à la noblesse, obtient une influence suffisante.

Dans une démocratie absolue, les deux partis luttent pour le pouvoir, ils le veulent tout entier ; entre eux, pas de compromis possible. Aussi, les sociétés démocratiques retombent-elles le plus souvent du despotisme de la masse sous le despotisme militaire, et du despotisme militaire sous le despotisme monarchique.

CONCLUSION.

Toute République, sous peine de s'effondrer dans l'anarchie pour tomber ensuite dans le despotisme militaire ou monarchique, doit être régie par un gouvernement constitutionnel.

L'expérience des siècles, la longue pratique des Etats-Unis surtout, ont démontré que tout gouvernement constitutionnel — républicain ou monarchique — se compose nécessairement de deux chambres et d'un magistrat chargé du pouvoir exécutif.

Ces trois pouvoirs, pour s'équilibrer, doivent émaner de sources différentes.

En France :

L'une des chambres, spécialement destinée à représenter l'élément démocratique, doit se composer de membres nommés par le suffrage universel direct, ainsi qu'il est pratiqué depuis la Révolution de 1848.

La seconde chambre doit également avoir une origine démocratique et sortir de l'élection. Elle doit représenter cet élément cardinal, *la famille*. Si les aristocraties, et particulièrement la royauté, se sont maintenues si longtemps chez la plupart des peuples, elles le doivent à leur propriété d'être des symboles assez fidèles de ce principe fondamental. La seconde chambre doit remplir cette fonction de la Royauté et des Aristocraties. Les vrais électeurs du Sénat sont les pères de famille.

La Constitution de 1848 commit la faute énorme de conférer au peuple tout entier la nomination du Président; sa prétention d'être fort démocratique la fit tomber dans le funeste principe de la majorité numérique.

Tous les Républicains d'Amérique sont d'accord à ce sujet: Le choix, si délicat du chef du pouvoir exécutif, incombe à un petit nombre d'électeurs offrant les plus sérieuses garanties.

Notre institution des Conseils Généraux des départements désigne clairement les électeurs du Président de la République.

La Constitution Républicaine sera solide sur ces bases :

Une Chambre nommée par le suffrage universel direct.

Un Sénat nommé à l'élection par les pères de famille.

Un Président élu pur les Conseillers Généraux.

TROISIÈME PARTIE

LA DÉMOCRATIE ET LA LIBERTÉ

LA
DÉMOCRATIE
ET
LA LIBERTÉ

A l'origine des sociétés, nous trouvons le fétichisme, l'antropophagie, l'esclavage.

Le mariage monogame a remplacé la promiscuité ; le respect religieux de la vie humaine a succédé à l'antropophagie; l'esclavage a disparu ; le fétichisme a fait place au polythéisme d'abord, puis au christianisme. Le progrès est le triomphe lent, mais continu, de la raison sur les suggestions de l'instinct. La refonte de la création à notre usage est notre but physique, le perfectionnement de nous-mêmes, notre fin morale; nous tendons à nous éloigner indéfiniment de notre état primordial.

Si donc nous devons prendre pour base de toute politique la nature fondamentale de notre être, nous ne pouvons, sous peine d'erreur, négliger l'élément variable du progrès, et considérer comme éternelles les formes d'une société embryonnaire. L'humanité vint au monde ignorante comme l'enfant ; nous sourions des naïves conceptions religieuses et scientifiques de notre premier âge ; et nous n'en persistons pas moins à considérer ses vues sociales les plus rudimentaires comme de profondes vérités.

La société n'est pas le produit d'un raisonnement, car elle remonte à une époque à laquelle l'homme ne raisonnait point ; chez lui, comme dans un grand nombre d'espèces animales, elle résulte du seul instinct. Notre raison, c'est là notre privilége, nous permet de modifier les opérations de cet instinct aveugle. Dans les animaux sociables, nous trouvons peut-être une vague lueur des sentiments de hiérarchie, de discipline, de dévouement, de justice ; mais, à notre espèce seule, il a été donné d'en avoir une pleine et entière compréhension.

Qu'est-ce que la justice?

La justice est la reconnaissance en autrui d'une personnalité égale à la nôtre.

Dans une société basée sur la justice, la personnalité de l'un équivaut à la personnalité de l'autre, parce que les inégalités sociales s'effacent devant le titre de membre de la communauté.

De la reconnaissance en autrui d'une personnalité égale à la nôtre, découlent nos droits et nos devoirs.

Le code de nos droits et de nos devoirs constitue le contrat social obligatoire pour tous, aux risques et périls de la vie.

La société vit et se meut sous l'action de forces soumises à de grandes lois primordiales et absolues; notre bonheur et notre dignité consistent à nous y soumettre quand notre intelligence nous les a dévoilées

La toute-puissance créatrice gouverne le monde moral, comme le monde physique, par des lois immuables, éternelles; en tant qu'êtres libres nous pouvons nous soustraire à ces lois d'ordre et d'harmonie, mais, pour tomber fatalement dans le désordre et tous les maux qu'il engendre.

Les lois sociales n'émanent donc d'aucune autorité humaine; ce sont elles qui font autorité.

Il n'y a qu'un seul système social comme il n'y a qu'un seul système astronomique; système social aussi indépendant de toute idée d'invention ou de convention, que les lois de Képler et de Newton.

Lors donc qu'une soi-disant autorité prétend, en vertu de son propre principe, faire régner l'ordre, elle usurpe les fonctions *divines* et constitue un pouvoir despotique.

La vieille politique fonde la nécessité de l'autorité sur la divergence des intérêts; mais n'y a-t-il pas lieu de se demander si ce n'est point elle qui engendre et perpétue une divergence anormale? *divide et impera.*

L'absolutisme abhorre toutes les libertés : liberté de conscience, liberté de presse, liberté de réunion..... son moyen de maintenir l'ordre dans le conflit des intérêts, c'est de les empêcher de se produire au grand jour.

Tous les partis se jugent seuls dignes de remplir ce rôle éminent de conciliateur des intérêts; aussi tous montent à l'assaut du pouvoir avec d'autant plus de rage qu'ils sont de meilleure foi : et voilà comment l'autorité, dont le but est l'ordre, devient une cause permanente de désordre.

L'absolutisme, création de l'instinct, a sa source dans notre ignorance primitive des lois sociales, de même que le fétichisme provient de notre ignorance native des lois naturelles; comme produit de notre instinct, il est destiné à disparaître, car le progrès consiste dans l'épanouissement de la raison au détriment de l'instinct; de même que notre intelligence crée des théories hypothétiques, sur la constitution du monde physique, tant qu'elle n'en a pas déterminé les lois, elle invente des organisations sociales fantaisistes jusqu'au moment où elle découvre la forme d'une organisation nécessaire. Le principe d'autorité en politique, c'est le système de Ptolémée en astronomie. Le principe absolutiste tient une place d'autant plus grande dans les institutions des peuples qu'ils sont moins éclairés. Transporter l'autorité des mains du roi dans celles d'une assemblée n'est qu'une mesure transitoire, pendant de la théorie des tourbillons de Descartes dans le domaine scientifique. Pour maintenir l'ordre dans le ciel, il fallait tout un système compliqué d'axes, de pivots, de sphères de cristal..... encore la Providence devait-elle surveiller incessamment cette frêle machine. Qu'est-ce qui remplace aujourd'hui tous ces axes, pivots, sphères?...... Une pauvre petite loi.

A la vieille question politique : Quelle forme faut-il donner à l'autorité pour qu'elle tienne la balance entre tous les intérêts?

La science moderne substitue cette question nouvelle : Existe-t-il des lois divines et éternelles conciliant tous les intérêts?

Ou, en d'autres termes : Le conflit des intérêts a-t-il sa source dans la fatalité des choses ou dans notre ignorance?

L'économie politique répond : Oui, il existe de grandes lois harmoniques — Division du travail, concurrence..... — qui régissent le travail; elles se résolvent toutes en une formule unique, liberté, comme toutes les lois célestes se résument en un mot, gravitation. L'ordre et la liberté sont identiques; le désordre naît de nos préjugés.

Voltaire, dans son dictionnaire philosophique, nous dit au mot *Patrie* que la prospérité d'un peuple est en raison directe de la misère des peuples voisins. Montaigne avait écrit : Le dommage de l'un est le profit de l'autre. Ces prétendus axiomes passaient jadis pour de profondes vérités. Nos neveux croiront à peine que de grands philosophes ont considéré les peuples comme ennemis, le principe contraire sera reconnu de tous : Comme la richesse d'un citoyen est un élément de richesse pour ses concitoyens, la prospérité d'un peuple est une source de prospérité pour les autres peuples. Mais alors *le règne de la Volonté humaine aura fait place au règne de la Volonté de Dieu manifestée par ses lois éternelles.*

Quelle est la tendance moderne à travers toutes les vicissitudes dues, pour la plupart, aux dernières convulsions de la royauté ? — La substitution de l'industrie à la conquête, du travail à la guerre, du marché au champ de bataille.

Si la guerre nécessite l'absolutisme, l'absolutisme a pour conséquence la guerre. Ces deux fléaux sont l'un à l'autre principe et fin. Tous les maux s'enchaînent comme toutes les réformes. L'Autorité, dont les faces les plus opposées sont la Royauté et la Souveraineté du Nombre, voilà la grande idole à brûler.

Toute société ne s'organise pour la guerre que par la Dictature.

Toute Dictature, pour faire croire à sa nécessité, entraîne les peuples à la guerre.

Toute société organisée pour la Paix a la Liberté pour base.

Toute société fondée sur la Liberté réclame la Paix.

La vieille antipathie mutuelle de l'industrie et du militarisme provient de la conscience qu'ils ont tous deux de représenter des principes opposés.

Les anciens estimaient la perfection d'un gouvernement d'après se durée. Cette opinion n'est vraie que dans une limite fort restreinte. Les Chinois ont aujourd'hui le gouvernement de Yu; les Égyptiens jouissaient d'une civilisation avancée quand les Grecs mangeaient des glands, ils se sont momifiés dans leur antique théocratie. Les convulsions, hélas! semblent être notre lot. Notre voie est une route ensanglantée; le char triomphal du Progrès, comme l'idole indienne, s'avance en broyant des victimes..... Et cela durera jusqu'au jour où l'humanité, enfin parvenue à la connaissance de ses lois, n'aura plus d'autre histoire que l'enregistrement des découvertes du Génie.

Ne confondons pas la liberté et le droit du peuple de choisir son gouvernement; le peuple opte généralement pour la servitude.

La communauté, quand elle a donné carte blanche à ses représentants, devient, après leur élection, matière gouvernementable comme sous un pouvoir absolu. Quelle responsabilité plus illusoire que celle du député devant ses commettants!... Si le représentant se montre trop infidèle, il ne sera pas réélu, voilà tout; en attendant, ses électeurs sont pour lui de vrais sujets. Une responsabilité sérieuse demanderait une perpétuelle révocabilité de mandat; cette révocabilité perpétuelle entraînerait de tels désordres, que quelques démagogues ont pu seul y songer.

Et puis, s'il faut toujours élire, quand le peuple pourra-t-il travailler?

L'époque des élections est un temps de paresse, de trouble et de bruit. On chante, on porte des bannières, on vocifère autour de l'urne du scrutin. Malheureusement nous ne pouvons pas plus vivre de processions politiques que de processions religieuses.

Aussi, lorsqu'un gouvernement se propose cette stabilité qui donne l'élan au travail et fonde la prospérité générale, il ne fatigue point le peuple d'élections. Quand le peuple a élu ses mandataires, tant pis s'ils trahissent leur mandat.

L'histoire nous donne de nombreux et terribles exemples du despotisme d'assemblées sorties de l'élection populaire.

La suppression de la délégation, ou le *Gouvernement Direct*, rêve d'ultra-démocrates, loin de remédier au mal l'envenimerait encore. Quand le vote universel n'aboutit pas à la dictature, le peuple est son plus cruel tyran. Rien de moins libéral que les gouvernements directs des petites républiques grecques. Le peuple se gouvernait, se jugeait, se condamnait du matin au soir; l'exercice de sa liberté politique se résumait en un viol perpétuel de la liberté individuelle.

Et tout ce mal vient uniquement de ce préjugé : La prétendue nécessité d'un pouvoir pour régler des différents imaginaires. Sans doute, il existe des intérêts ennemis, et il faut une autorité puissante pour les contenir, mais ce conflit n'existe qu'en raison de notre ignorance qui a créé des intérêts artificiels basés sur les préjugés et l'injustice.

Il résulte de tout état social et de la nature même des choses un antagonisme *nécessaire mais unique*, l'antagonisme du producteur et du consommateur. Or, excepté les parasistes vivant de préjugés absolutistes, tout le monde est producteur et consommateur tour à tour. L'échange mutuel des services domine tous les faits sociaux. Pour régler le différent véritable, le différent du producteur et du consommateur, faut-il recourir au principe d'autorité ?

La science, qui n'est que l'expérience raisonnée, a tranché la question : *Pour régler l'éternel, mais unique débat qui divise les hommes, il faut laisser pleine et entière liberté aux parties.*

De l'antagonisme économique naît l'harmonie sociale. Dans cette sphère, comme dans le monde des corps, l'équilibre ne peut exister que par l'action de deux forces égales et opposées.

Dans le système solaire, l'ordre se maintient par la vitesse initiale qui tend à disséminer les corps dans l'espace, et la gravitation qui tend à les confondre en une seule masse ; la vie physique résulte de l'excrétion et de la nutrition, elle se compose de deux mouvements opposés l'un du centre à la périphérie, l'autre de la périphérie au centre ; de même la vie sociale résulte de la production qui *individualise* les hommes et de la consommation qui les *solidarise*.

Jadis l'Autorité destinée à une prétendue conciliation d'intérêts s'étayait sur le principe du droit divin, aujourd'hui elle se fonde sur le principe non moins faux de la Souveraineté du Nombre. Aussi voit-on crouler tout à coup ces gouvernements appuyés sur des majorités imposantes ; c'est que bien au-dessus de la Souveraineté populaire planent les lois éternelles, expression de la Sagesse Divine. Tel est le sens de la sublime pensée de Bossuet : *L'homme s'agite, Dieu le mène.*

La Révolution fera fausse route tant qu'elle prétendra remettre l'Autorité entre les mains du peuple; son but n'est pas de transférer les pouvoirs du monarque à la masse, mais de les abolir. Le principe utopique de la Souveraineté populaire fomentera toujours la guerre civile.

Le Peuple, pas plus que le Roi, n'a qualité pour régler le grand débat économique, c'est affaire à la Liberté.

La réforme a délivré le penseur du joug de l'absolutisme spirituel en proclamant la liberté de conscience ; la science moderne délivre le travailleur en proclamant la liberté du travail et de l'échange.

Que prétendrait régler encore une autorité incompétente en matière de conscience et de travail?

Autorité implique sujet. C'est ce qui rend absurde le système démagogique du Gouvernement Direct. Si le peuple est le gouvernement, où seront les gouvernés?

Si l'autorité a pour but, au moyen de la force, le maintien de la paix entre des intérêts opposés, n'est-il pas contradictoire de remettre la force aux mains de ces intérêts en conflit ?

Les choses se passaient à peu près ainsi dans les Républiques Grecques, aussi vivaient-elles dans un désordre permanent. Autre inconvénient : Les citoyens toujours occupés des affaires de l'Etat, n'avaient plus le temps de songer aux leurs. La paresse érigée en vertu florissait sous le nom d'amour du bien public.

« Chez les Grecs tout ce que le peuple avait à faire, il « le faisait par lui-même ; il était sans cesse assemblé « sur la place, il habitait un climat doux, il n'était point « avide, des esclaves faisaient tous ses travaux ; sa grande « affaire était sa liberté.

« Vos durs climats vous donnent des besoins ; six mois « de l'année la place publique n'est pas tenable ; vos « langues sourdes ne peuvent se faire entendre en plein « air, et vous craignez bien moins l'esclavage que la « misère.

« Vous voyez bien que vous n'êtes point libres. Quoi ! « la Liberté ne se maintiendrait qu'à l'aide de la servi- « tude ? — *Peut-être.*

« Tout ce qui n'est point dans la nature a ses incon- « vénients, et la société civile plus que tout le reste. Il « y a des positions malheureuses où l'on ne peut con- « server sa liberté qu'aux dépens d'autrui, et où le ci- « toyen ne peut être parfaitement libre que l'esclave ne « soit parfaitement esclave. Pour vous, peuples, vous « l'êtes, vous payez leur liberté de la vôtre.... Vous vous « vantez de cette préférence, j'y trouve plus de lâcheté « que d'humanité. »

Rousseau.

« La nature ne fait ni cordonniers ni forgerons; de pa-
« reilles occupations dégradent ceux qui les exercent,
« vils mercenaires, misérables sans nom qui sont exclus
« par état même des droits politiques. »

Platon.

La nature, en effet, ne crée ni cordonniers ni forgerons, elle ne fait que des brutes.

« Les arts manuels sont infâmes et indignes d'un ci-
« toyen, la plupart déforment le corps. Ils obligent de
« s'asseoir à l'ombre, auprès du feu, ne laissent de temps
« ni pour la République, ni pour les amis. »

Xénophon.

« Est-il une si grande différence entre l'esclave et la
« bête? Leurs services se ressemblent, c'est par le corps
« seul qu'ils sont utiles. Concluons de ces principes que
« la nature crée des hommes pour la liberté, d'autres
« pour l'esclavage, et qu'il est juste que l'esclave obéisse. »

Aristote.

Ces citations condamnent assez le gouvernement direct. Pas de travail, ou pas de gouvernement du peuple par le peuple.

Chez les anciens la vie politique primait la vie de famille. Chez les modernes, si ce n'est dans des crises terribles, l'homme passe avant le citoyen. L'humanité s'organise aujourd'hui en vue de la famille et non de la cité.

Les utopistes de l'antiquité placent, dans quelque coin retiré, leurs villes modèles privées de tout rapport avec les autres peuples.

Lycurgue interdit le commerce. Platon chasse les étrangers. Tous ces législateurs ont la prétention de régler en tout la vie de chaque membre de la communauté par l'intermédiaire de l'Etat. Notre but, à l'inverse, est le développement de l'individualité.

Puisque l'Autorité doit maintenir l'ordre dans la société, elle ne peut émaner de la société ; son essence doit être supérieure à cette société et doit découler de Dieu même. Telle est la théorie logique du droit divin.

« Voilà ce qui força de tout temps les Pères des na-
« tions de recourir à l'intervention du ciel, d'honorer les
« dieux de leur propre sagesse, afin que les peuples,
« soumis aux lois de l'Etat comme à celles de la nature,
« et reconnaissant le même pouvoir dans la formation de
« l'homme et dans celle de la Cité, obéissent avec liberté,
« et portassent docilement le joug de la félicité publique. »

Rousseau.

La spontanéité populaire l'a toujeurs compris ainsi. Dans l'ancienne Grèce, la Royauté héroïque descendait des dieux; Solon, Lycurgue soumettent leurs lois à l'oracle de Delphes; Moïse n'est que l'organe de Jéhovah; Saül se fait sacrer Christ par Samuel; dans l'Inde, l'Arabie, les législateurs sont prophètes... Suivant Joseph de Maistre., une famille n'est point royale parce qu'elle règne; elle règne parce qu'elle est royale. *Omnis protestas à Deo*, dit Saint-Paul.

On arrive fatalement à cette conséquence, quand on part du principe faux de la direction de la société par un pouvoir extérieur.

Ce préjugé de la nécessité d'une direction externe se reflète dans notre langage : On dit également gouverner un peuple ou un navire. Le navire ou le peuple, c'est la matière inerte ; le pilote ou le gouvernement, c'est l'intelligence qui conduit. Quelle que soit la forme du gouvernement, monarchie ou république, si l'on ne sort point de cet ordre d'idées, on reste dans la vieille donnée homérique des rois *Poimenas laon*, *Kosmetoras laon*, *bergers*.

Or, la société est un être vivant par lui-même et pour lui-même ; et la concevoir autrement, *C'est*, suivant l'expression d'un éminent penseur, *vouloir donner un moteur à l'éternel mobile*.

La minorité, sous un gouvernement de majorité numérique se trouve dans la position de la plèbe en face d'une aristocratie. Toute société devant éviter avant tout l'effusion du sang, la minorité doit généralement attendre du temps, du progrès des lumières et du cours des choses, la réparation de ses injures. Cependant, dans certains cas, il est non-seulement de son droit, mais encore de son devoir de tenter comme dernière chance de salut le recours à la force. Car la société existant avant tout pour la protection de certains droits, le pacte social se trouve rompu de fait quand la majorité les viole. Alors la conspiration devient elle-même un droit et l'insurrection un devoir. Ainsi pensèrent nos pères de 89 en promulgant leur évangile politique.

On ne peut espérer de stabilité ni de sécurité dans une société qui ne reconnaît point de principes antérieurs à la souveraineté populaire. Les peuples, comme les individus, ont un pied dans le crime quand ils ne reconnaissent pas de règles supérieures à la volonté. Aussi la Liberté n'a-t-elle pas de plus grands ennemis que les démagogues qui proclament le peuple impeccable; c'est du plus pur et du plus détestable absolutisme.

Dans une communauté fondée sur la justice, l'ordre résulte du libre jeu des forces sociales. Mais pour établir le règne des lois économiques, il faut froisser nombre d'intérêts qui se croient légitimes parce qu'ils ont reçu la consécration du temps; la résistance de ces intérêts et l'imperfection de notre nature nous conduisent aux violences des Révolutions. La Révolution est le vrai mandat du gouvernement de majorité numérique; ses défauts mêmes en font un puissant moyen de nivellement; c'est par excellence l'instrument sans pitié propre à broyer les différentes castes dans l'unité de la nation. La société française, profondément labourée par le soc de la majorité numérique, verra fleurir le juste et le vrai quand elle aura su se pénétrer de cette conclusion de la science : *Les grandes lois de l'économie politique constituent par elles-mêmes une merveilleuse harmonie; la cause unique du Mal est dans la violation de ces lois.*

Le progrès, lutte acharnée de l'homme contre la parcimonie de la nature, nous soumet de plus en plus les forces de cette rebelle; ces forces énergiques et toujours gratuites jettent une masse de plus en plus considérable de richesses dans le fond commun. Devant cette accumulation de richesses communes s'effacent peu à peu les inégalités particulières. La loi supérieure, la loi divine, sous le régime de liberté absolue, est donc une tendance indéfinie vers l'égalité. Les choquantes inégalités sociales puisent leur source dans les priviléges, les monopoles, la protection, la guerre, en un mot, dans tous les fléaux issus du principe d'autorité. La tendance indéfinie de l'intérêt du capital vers la baisse — tendance contrecarrée par nos folies seules — est la forme apparente de cette grande loi.

Supposons une paix continue depuis le traité d'Amiens — paix brisée par le premier Consul dans l'intérêt de son pouvoir; car toujours nous retrouvons la guerre comme conséquence du principe d'autorité — s'imagine-t-on les milliards accumulés en France depuis cette époque?.....

La concurrence de cette masse énorme de capitaux permettrait à peine à l'intérêt de se maintenir à 1 p. 100. Il ne viendrait à l'idée de personne de parler du droit au travail; car, on verrait les capitaux s'arracher à tout prix les travailleurs et non les bras se disputer le travail.

L'égalité reste d'ailleurs toujours soumise à la loi primordiale de Responsabilité, seul moyen de discipline destiné à remplacer le principe déchu d'autorité.

L'intérêt personnel, ce grand ressort de l'activité sociale se trouve ainsi justifié par l'harmonie des lois économiques : *Tout homme ne pouvant, sous un régime de liberté absolue de travail et d'échange, travailler à sa propre fortune sans agrandir le fonds commun de richesse sociale*, ce qui constitue la vraie Solidarité.

Suivant Rousseau, l'homme ne jouit d'une liberté complète qu'à l'état de nature. D'après cette thèse, chacun trouve dans son semblable un obstacle à sa liberté. Adam fut le seul homme idéalement libre. Montaigne avait soutenu le même paradoxe. Pour ces penseurs, la perfection gît dans la bestialité ! Montaigne essayera de prouver que la peau humaine peut supporter la température extérieure; il cite à l'appui l'exemple des Gaulois, nos pères, et des Irlandais demi-nus sous un ciel froid, des « dames qui ainsi molles et délicates qu'elles sont, s'en vont tantost entr'ouvertes jusques au nombril. » La parole n'est pas un attribut de l'homme ; les animaux s'appellent, leur chant varie avec la contrée comme notre langage. Ne parlons pas de la raison : « N'est-ce pas sottise de se laisser piper à un tel guide? » La raison de l'homme malade est-elle celle de l'homme bien portant? Tous nos sens nous donnent des perceptions erronées. Nous ne différons pas sensiblement de la brute et notre plus grand tort a été de vouloir nous élever au-dessus d'elle.

Rousseau fait consister la vertu dans le dénûment; à

l'état de nature, l'homme marchait nu et dormait à la belle étoile. C'est l'exagération de ce principe très-vrai : Il n'y a ni liberté ni dignité possibles pour les peuples affolés du besoin de jouissance. *Aucune constitution ni système social ne peuvent nous dispenser d'austères devoirs.*

L'économie politique comprend la liberté à l'inverse de Rousseau.

Cette science tire du langage usuel sa notion de la liberté ; elle se contente de définir et d'étendre le sens de ces expressions vulgaires : esclave de la matière, esclave de l'ignorance, de la superstition..... Quand un génie novateur découvre un procédé puissant, une vérité utile, nous disons qu'il nous a délivrés d'un obstacle, ou émancipés d'un joug. L'homme isolé peut à peine — s'il le peut — soutenir sa chétive existence ; il n'a pas de langage, partant point d'idées ; est-il libre pour avoir perdu le caractère distinctif de l'humanité ?.... Deux hommes vivent séparés, la force de chaque individu est 1 ; ils s'associent, par l'association leurs forces réunies deviennent 4 ; un troisième membre se joint à cette société embryonnaire, la force commune devient 9 ; l'association stimule l'intelligence de la petite communauté, éveille successivement les idées de Droit, Devoir, Justice. Ces associés ont-ils perdu leur liberté primitive, ou l'ont-ils, au contraire, portée à la deuxième puissance ?

« J'appelle Liberté ce pouvoir que l'homme acquiert « d'user de ses forces plus facilement à mesure qu'il

« s'affranchit des obstacles qui en gênaient originaire-
« ment l'exercice. Je dis qu'il est d'autant plus *libre*
« qu'il est plus *délivré* des causes qui l'empêchaient de
« s'en servir, qu'il a plus éloigné de lui ces causes ; qu'il
« a plus agrandi et désobstrué la sphère de son action....
« Ainsi le langage articulé est un meilleur instrument que
« le langage par signe ; on est donc plus libre d'exprimer
« sa pensée et de l'imprimer dans l'esprit d'autrui par la
« parole que par les gestes. La parole écrite est un in-
« strument plus puissant que la parole articulée ; on est
« donc plus libre d'agir sur l'esprit de ses semblables
« lorsqu'on sait figurer la parole aux yeux que lorsqu'on
« sait l'articuler seulement. La presse est un instrument
« deux ou trois cents fois plus puissant que la plume :
« on est donc deux ou trois cents fois plus libre d'entrer
« en relation avec les autres hommes lorsqu'on peut
« répandre ses idées par l'impression que lorsqu'on ne
« peut les publier que par l'écriture. »

Dunoyer, *Liberté du travail.*

L'homme, esprit et matière, peut être esclave, au point de vue physique, intellectuel ou moral ; il se délivre du joug de la matière par le travail, de l'ignorance par l'étude, de la bestialité par la religion. Pour cette grande œuvre, il déploie une énorme quantité de forces ; ces forces, qu'il ne saurait trouver en lui, il les trouve dans l'association. La Liberté est Puissance ; la Puissance est dans l'association. Quel est le lien réel de l'association?....

Est-ce l'autorité?.... Non. — C'est l'échange mutuel et volontaire des services. Nous sommes donc d'autant plus libres que nous sommes plus d'associés et plus intimement associés; c'est-à-dire à mesure que l'échange mutuel des services rencontre moins d'entraves et s'étend dans un cercle d'un plus grand rayon : Conclusion diamétralement opposée à celle de Rousseau.

D'après cela, la Liberté, comme l'homme et tout ce qui le concerne, est progressive; car les moyens de vaincre la nature et l'animalité croissent dans une proportion géométrique avec le temps.

Ainsi l'asssociation est le moyen d'affranchissement de l'humanité, association basée sur le principe antique : Ne faites point à autrui ce que vous ne voulez point qui vous soit fait. Ce qui implique pour chacun le droit de développer ses facultés sous la seule condition de n'exercer contre ses associés aucune pression ou dommage; c'est-à-dire la défense formelle à toute personne, ou prétendue autorité supérieure quelconque, d'intervenir dans le contrat qu'il juge à propos de signer avec ses semblables pour la disposition de son travail. Le gouvernement n'a aucune qualité pour faire acte d'autorité en pareille matière; son rôle de simple police, consiste à assurer leur exécution quand ils ont été librement débattus entre les parties contractantes.

« Au lieu de considérer la liberté comme un dogme,
« je la présenterai comme un résultat; au lieu d'en faire
« l'attribut de l'homme, j'en ferai l'attribut de la civili-

« sation; au lieu d'imaginer des formes de gouvernement
« propres à l'établir, j'exposerai de mon mieux comment
« elle naît de tous nos progrès. »

DUNOYER, *Liberté du travail*,

Plus on remonte la série des âges, plus le travail se présente sous une forme repoussante. L'homme n'a pas d'instruments, il ignore la méthode de faire concourir gratuitement la nature à son labeur. Le plus mince résultat entraîne une dépense considérable de force musculaire; la peine n'est point payée par la satisfaction; la jouissance n'encourage pas des efforts bornés à l'assouvissement des premiers besoins; la tendance est nulle à sortir de l'état de bestialité et de misère. Cependant un instinct supérieur pousse notre espèce dans la voie du Progrès. L'homme sort de ce cercle vicieux par un crime: une ligue se conclut entre les forts pour contraindre les faibles au travail. Grâce à cet épouvantable stratagème, l'humanité sort de ses langes. Voici le résultat : l'esclave commence par délivrer son maître du joug de la matière, mais en lui soumettant la nature, il prépare son propre affranchissement. Quand un fait se produit dans l'histoire avec le caractère d'universalité de l'esclavage, on peut affirmer, non la légitimité, mais la nécessité temporaire. Cette institution fut, au berceau du monde, le grand instrument de progrès. La servitude nécessitait la guerre; la guerre nécessitait l'autorité. Nous avons maintenant des esclaves aussi énergiques que soumis, les forces gratuites de la nature. L'esclavage et l'autorité sont des faits anténomaux de notre crise sociale.

Entre l'absolutisme — notre point de départ — et la liberté — notre fin — il existe un abîme. Notre intelligence débile ne saurait, d'un seul bond, franchir ce gouffre ; il faut jeter un pont pour le traverser; ce pont est la souveraineté du peuple, principe faux si on le considère comme absolu au lieu d'y voir une hypothèse transitoire pour arriver au *self governement.*

Le principe monarchique et absolutiste — la société doit être régie par une force extérieure — a pour conséquence immédiate : la nécessité d'une foule de chiens auxiliaires du berger chargé de la direction du troupeau. Les républicains qui veulent supprimer la royauté en conservant la horde des fonctionnaires font preuve d'inintelligence. Le principe de la souveraineté du peuple n'a servi qu'a consolider un vieux mécanisme qu'il fallait jeter au rebut. La Royauté, représentante naturelle des fonctionnaires — des improductifs, dit A. Smith — a tout intérêt à en multiplier indéfiniment le nombre et à les rétribuer largement : d'une part, elle se constitue ainsi une armée dévouée; de l'autre, elle s'environne d'un grand prestige en agissant au lieu et place de la communauté convaincue d'impéritie, en faisant mal et chèrement ce que nous devrions faire nous-mêmes.

Le fonctionnarisme nous tue : 1° il empêche le développement de l'initiative individuelle. La société ne vit plus par elle-même. Le peuple habitué à être guidé en tout devient incapable de tout; 2° les fonctions publiques absorbent l'élite de la nation. Le travail productif est dédaigné. On trouve honorable de ne pas faire œuvre de ses mains ; 3° l'instruction générale prend une direction fausse, car elle ne saurait être la même pour les fonctions publiques et pour les travaux privés.

La Royauté a pour suivante la guerre. Chaque prince, considérant son royaume comme un paysan sa chaumière, désire arrondir le bien héréditaire de quelques champs, sauf à les payer avec des têtes de bétail sans valeur. La fureur des conquêtes disparaîtra comme un mauvais rêve avec les monarchies. Les nations veulent la liberté et la richesse; chaque jour elles apprennent à leurs dépens que les idées de prédominence, prépondérance, domination, intervention..... et tout le vocabulaire diplomatique ne sont qu'un tas de vieux préjugés exploités par les intrigants et les parasites.

Les colonies épuisent les nations en hommes et en argent; elles justifient le système protecteur si funeste aux intérêts vivaces de la mère patrie. Le peuple les conquiert de son sang, les entretient de son travail pour fournir des places de gouverneurs et d'administrateurs à l'aristocratie fonctionnaire. Comme dernier résultat elles nécessitent armées permanentes et marine, nouvelle source d'honneurs, d'émoluments et de gaspillages.

Royauté — Aristocratie — fonctionnarisme — système colonial — système protecteur — guerres — armées permanentes — monopoles — union simoniaque de l'Église et de l'État — Spoliation, sous mille formes, du travail au bénéfice des intrigants et des parasites — Enfin l'utopie — Telle est la lépreuse génération du principe d'Autorité.

Toute utopie, comme toute tyrannie, émane de la prétendue nécessité d'une impulsion sociale extérieure; l'utopiste et le tyran appartiennent au même titre à cette famille de pétrisseurs du genre humain qui considèrent les hommes comme uniquement créés pour servir de matériaux à leurs sublimes expériences. Quand un peuple admet malheureusement pour lui la nécessité d'une direction externe, il tombe dans la *Théorie des Sauveurs*. Dès lors se présentent une foule de Morus et de Napoléon. Lorsqu'une nation est arrivée à ce degré d'abaissement moral de se dire : *Il nous faut un homme!* Elle trouve cet homme quelquefois, mais pour cesser d'être une nation.

Tout utopiste se dispose à devenir tyran.

Tout tyran devient fatalement utopiste ; il a le pouvoir et une société dans la main, il faut bien qu'il en fasse quelque chose.

A la direction de l'État nous substituons l'initiative individuelle dominant en reine l'initiative communale, qui prime l'initiative départementale, à laquelle se subordonne l'initiative nationale réduite à sa plus simple expression.

Le rôle extérieur du gouvernement perd toute importance par la promulgation de ces deux grands principes :

Libre échange
Non-reconnaissance de l'état de guerre.

L'absolutisme a pour principaux caractères la centralisation, le cumul des pouvoirs.

La constitution des États-Unis, le seul pays de *Self governement*, repose d'une part sur une décentralisation absolue, de l'autre sur une division extrêmement tranchée des trois pouvoirs : Législatif — Exécutif — Judiciaire.

La première sérieuse garantie de liberté est l'indépendance complète du pouvoir judiciaire. La législation proprement dite, c'est-à-dire la rédaction des codes, l'orgaganisation de la justice, enfin la surveillance de l'exécution des lois doivent constituer un domaine radicalement séparé de toute administration.

L'enseignement supérieur et le culte appartiennent de droit au domaine de l'initiative individuelle.

Le ministère de l'agriculture est une invention chinoise inconnue des peuples avancés.

Le libre échange entraîne la suppression du ministère du commerce comme une superfétation.

En Crète, l'insurrection faisait la base même de la

constitution ; chez nous, repoussée en principe, elle règne en fait. Du 14 juillet au 18 brumaire, l'insurrection gouverne seule et est souveraine ; au 18 brumaire, nous recevons le gouvernement de l'armée ; en 1814, de l'étranger ; en 1815, de l'armée puis de l'étranger ; en 1830, de l'insurrection ; en 1848, de l'insurrection ; en 1851, de l'armée ; en 1870, de l'insurrection.

Depuis 89, nous suivons une marche progressive ; mais notre développement, au lieu de s'opérer avec une majestueuse continuité, procède par crises douloureuses, funeste conséquence de nos préjugés monarchiques et de nos tendances républicaines. La royauté — forme surannée du principe d'autorité et de la domination de la force — doit faire place à la République — seule forme logique de la justice et de la liberté. Les soi-disant conservateurs, qui rêvent une restauration monarchique, sont des anarchistes au premier chef. Qu'ils le sachent bien, la République restera éternellement suspendue sur les têtes comme une épée de Damoclès, et leur prétendu ordre ne sera jamais qu'une trêve à la guerre civile.

Nous tendons fatalement vers un idéal qui n'est certainement point la royauté ; le choix seul de la route dépend de notre libre arbitre. La République domine toutes nos lois écrites, constitutions, suffrage universel...,. de toute la hauteur d'un principe divin. Notre aveuglement, notre entêtement à repousser la vérité, voilà les véritables causes du désordre.

Les régénérateurs de la société française ont poursuivi

l'unité par la *centralisation;* l'unité était le but, la centralisation le moyen. Le but atteint, pourquoi conserver le moyen?..... La centralisation eut le jacobinisme pour berceau et Napoléon pour parrain; cela seul devrait nous suffire pour la condamner. Il y a opposition formelle entre cette organisation absolutiste et la démocratie libérale. La République, c'est la souveraineté de la commune, l'indépendance du département; c'est la vie dans toutes les parties, et non le mouvement par une impulsion venue de haut.

En général, le despotisme d'un seul préside aux grandes manifestations extérieures d'un peuple, comme la démagogie à ses transformations intérieures. La République constitutionnelle et décentralisée, telle est la forme d'une société avancée dans son état normal.

Sous ce régime — (ayant pour seul but la prospérité de tous et le maintien de la paix) — quand l'État reste dans son rôle — (la garantie de la sécurité publique) — aux conditions d'une liberté commerciale absolue et d'un impôt unique sur le capital, les intérêts se confondent.

Les républicains français, qui mériteraient pour la plupart le nom de gréco-romains, ont eu le grand tort de ne jamais bien étudier à fond les conditions d'existence nécessaires de la République.

Les publicistes de l'antiquité considéraient le gouvernement républicain comme seulement applicable à une population restreinte sur un territoire resserré. Ils avaient raison. Basée sur les idées gréco-romaines dont nous sommes malheureusement imbus, la République ne peut dépasser les bornes étroites d'une cité. Si le gouvernement prétend régler, dans les plus minutieux détails, la religion, les mœurs, l'enseignement, les intérêts de chaque membre de la communauté; s'il reste, en un mot, dans la vieille théorie absolutiste, il reprendra fatalement la forme monarchique. L'étendue de l'Empire français s'oppose formellement à la pratique du régime de la souveraineté numérique. Le gouvernement de la petite démocratie d'Athènes — qui reposait d'ailleurs sur l'esclavage — ne saurait nous convenir.

La République romaine, dira-t-on, a régi le monde connu alors. Sans doute, mais Rome seule jouissait des droits politiques; quand le Latium voulut y prétendre, la République s'effondra pour faire place au Césarisme.

Du reste, bon nombre de républicains français feraient volontiers de la France un Latium dont Paris serait la Rome. Leur idéal est l'exploitation de l'Empire par la lie de la capitale.

On peut diviser les républiques en deux catégories :

1° Celles qui comprennent une cité.

2° Celles qui s'étendent sur un vaste territoire.

Athènes, Rome, Venise, appartiennent au premier genre; leur exemple, sans application pour nous, nous offre un intérêt secondaire.

Dans la seconde catégorie, nous rangerons les républiques de l'Amérique du Sud toujours en proie aux convulsions de la guerre civile. Tel est le lot fatal de toutes les républiques basées sur le principe de la souveraineté numérique et sur la centralisation qui en est la forme nécessaire.

Deux nations seules ont su trouver prospérité, stabilité, liberté sous le régime républicain : La Suisse, les États-Unis.

Toutes deux reposent sur le principe de fédération.

La Suisse a vu des querelles religieuses troubler sa quiétude ; mais là où règne l'intolérance aucune institution ne saurait maintenir la paix.

Les États-Unis ont dû traverser un terrible orage ; l'esclavage et la protection ont été la cause de ces malheurs passagers; tout ce que l'on est en droit de conclure, c'est l'impuissance du gouvernement à maintenir les préjugés ou les iniquités d'une autre époque. L'Union a subi la peine due au crime d'esclavage : Si les individus voient parfois — rarement — leur châtiment ajourné à l'autre vie, les peuples reçoivent toujours une punition rigoureuse de leurs lâchetés ou de leurs méfaits. C'est une loi providentielle qui ne se dément jamais.

Le système protecteur mettra la division chez nous, comme en Amérique. La protection exige toujours le sacrifice de certaines localités à d'autres localités, d'intérêts justes et naturels à des intérêts artificiels et iniques. Le libre échage est l'un des premiers corollaires de la République.

Si nous abolissons l'unité par la centralisation, nous devons la rétablir par l'unité de l'impôt et resserrer les liens des membres de la communauté par la liberté commerciale.

Tout impôt perçu directement sur les objets de consommation agit comme une douane intérieure et trouble l'échange naturel des produits; il est forcément mal distribué. La seconde réforme demandée par la République est l'impôt sur le capital.

Si l'impôt reposait sur cette base, nul ne songerait à accroître les dépenses; la déplorable tendance socialiste de tout faire par l'État serait immédiatement enrayée.

L'impôt indirect pèse nécessairement sur les objets *de la consommation la plus générale;* sur ce point tous les financiers sont d'accord, car les taxes sur le luxe absorbent en frais de perception plus qu'ils ne rendent. Les objets de consommation la plus générale sont consommés en égale quantité par le riche et le pauvre. — Rotschild ne mange pas plus de sel qu'un gueux; tous deux payent une cote égale, c'est-à-dire inversement à leurs fortunes — si trois personnes ayant 1,000, 2,000, 3,000 francs de revenu payent chacune 100 francs, la première paye un dixième de son revenu, la seconde, un vingtième, la troisième, un trentième; la taxe est donc bien ainsi en raison inverse de la fortune.

Il ne faut pas s'illusionner sur la perception directe de l'impôt sur le capital, et croire faire contribuer ainsi le capitaliste seul. Le capitaliste payera comme consommateur et non comme capitaliste. Car, quelle que soit la forme de la taxe, directe ou indirecte, elle arrive toujours en définitive à frapper le produit. L'avantage de l'impôt sur le capital consiste dans une répartition mathématique de la charge commune sur tous les objets de consommation. Tout consommateur paye ainsi proportionnellement à sa consommation effective, ce qui est la justice même.

L'impôt sur le capital, borné, sous peine d'impossibilité, à des limites assez étroites entraîne la suppression des sinécures, l'abolition du fonctionarisme, la réduction du rôle de l'État au maintien de la sûreté publique et à l'exécution d'œuvres vraiment nationales en dehors, par leur nature, de la compétence de la commune et du département. Il a pour conséquence immédiate la politique de la paix et la transformation des ministères de la marine et de la guerre en un seul ministère *de la défense nationale*.

La République se consolidera par les réformes suivantes :

1° Libre Échange.

2° Impôt sur le capital.

3° Proclamation du principe de non-intervention.

4° Transformation des ministères de la marine et de la guerre en ministère de la défense nationale.

5° Réduction du rôle de l'État à la garantie de la sûreté intérieure et extérieure.

6° Abolition de la conscription.

7° Recrutement volontaire.

8° Réduction considérable de l'armée permanente.

9° Constitution puissante des gardes nationales mobiles et sédentaires.

La charge de défendre le pays incombe à tous. A tous le droit du vote, à tous le devoir du fusil.

L'expérience de l'invasion prussienne nous démontre que, si une armée permanente nombreuse peut aisément violer une nation, elle est incapable de la défendre.

La démocratie est le gouvernement du peuple par le peuple. C'est la souveraineté du nombre.

La liberté est le gouvernement de l'homme par lui-même. C'est la souveraineté individuelle.

La démocratie, sous peine de dégénérer en absolutisme, doit reconnaître un certain nombre de principes antérieurs et supérieurs à toute volonté populaire. Outre les droits de l'homme proclamés en 89 et les principes définis par la Charte de 1830 et la Constitution de 1848, nous devons reconnaître ou préciser les suivants:

1° Liberté des cultes — c'est-à-dire, droit absolu et positif de pratiquer librement dans une enceinte, sans intervention possible du gouvernement ou de toute soi-disant autorité. — Droit absolu et positif d'association religieuse. — Obligation formelle pour le gouvernement et pour toute autorité locale de faire respecter à tout prix ces droits, les premiers et les plus sacrés de tous. — Séparation définitive de l'Église et de l'Etat. — Suppression du ministère des cultes.

2° Liberté d'enseignement. — Suppression du ministère de l'instruction publique. — Abandon de l'instruction spéciale ou supérieure à l'initiative individuelle. — Organisation d'une instruction primaire *étendue* et *gratuite* par les conseils généraux des départements.

3° Liberté d'échange. — Suppression des ministères de l'Agriculture et du Commerce.

4° Non-reconnaissance de l'état de guerre — d'où la promulgation d'un nouveau droit des gens, arrêté sur les bases suivantes : Le citoyen français n'a droit à aucune protection en dehors des frontières. — La France ne reconnaît pas l'état de guerre — Tout Français armé qui passe la frontière est abandonné à la vindicte de l'étranger. — Tout étranger qui pose le pied en armes sur le sol de France, est considéré comme brigand et assassin et exécuté comme tel.

Les ministères sont distribués ainsi :

1. Ministère de la défense nationale.
2. — intérieur.
3. — finances.
4. — travaux publics.
5. — affaires étrangères.
6. — justice.

Le ministère des affaires étrangères agit par voie conciliatrice, sans jamais recourir à un appel à la force.

Parmi les réformes importantes, nous citerons en première ligne la réduction du nombre des départements de manière à porter la population de chacun d'entre eux à environ un million d'âmes. Toute réunion de communes inférieure à ce chiffre ne dispose ni d'assez de forces pour garantir leur autonomie, ni d'assez de capitaux pour leur assurer une administration prospère. Pour arriver à une décentralisation sérieuse, il faut donner au département une grande prépondérance dans l'Etat. Pas de liberté locale possible, si le département ne peut ni balancer l'influence de la capitale ni se faire respecter du gouvernement national.

Le gouvernement national ne réside en aucun cas dans une ville de plus de cinquante mille âmes. Il change le lieu de sa résidence, en se transportant dans un nouveau département, à chaque nouvelle convocation de la Chambre des Représentants.

La stabilité du gouvernement de l'Union tient à cette admirable sagesse qui lui a fait dérober le pouvoir central à la presion d'une grande et populeuse cité.

En recherchant la cause de toutes nos convulsions politiques, nous la trouverons toujours dans la présence du gouvernement à Paris.

Toujours la province méfiante, non sans raison, de l'esprit remuant de la capitale, et peu soucieuse de se trouver à sa merci y accumulera de grandes forces militaires.

Le chef de ces forces militaires disposera du gouvernement jusqu'à ce que ses excès le fassent tomber sous les coups de la démagogie parisienne.

Et nous oscillerons indéfiniment entre le despotisme du sabre et le despotisme de l'émeute.

Pour protéger le gouvernement contre la pression de la

capitale, la province doit non-seulement y entretenir une armée nombreuse, mais y concentrer toute son action. Pas de décentralisation possible sans déplacer le siége du pouvoir.

Qu'est-ce que le socialisme?

Le socialisme nu et dégagé de ses fastueuses théories se réduit à ceci : l'entretien des ouvriers de la capitale aux frais de la France entière, la prétention de leurs meneurs de disposer de la Représentation nationale.

Le siége du gouvernement à Paris, c'est tour à tour Césarisme et Socialisme.

C'est toujours l'exploitation de la nation, tantôt par un chef militaire, tantôt par une poignée de démagogues.

Pour remédier à cet état de choses, il faut :

1° Donner aux départements une constitution très-forte et très-indépendante, fort analogue au régime des États séparés de l'Union.

2° Délivrer le gouvernement de la pression de Paris en le transportant en province.

Quand Paris ne pourra plus songer à mener la France, comme Sparte ses îlotes; quand les socialistes auront perdu l'espoir de donner à leurs séides *panem et circenses* au frais du paysan, la République sera éternelle, la Paix et la Liberté règneront à jamais.

Et Paris sera libre!

La Capitale, en perdant le gouvernement, gagnera la liberté; elle cessera de vivre sous le couteau d'une armée soudoyée par la province; elle pourra se constituer en Commune Indépendante et presque Souveraine; c'est alors qu'elle sera vraiment la Reine du Monde, la Tête du Genre Humain, la Papauté intellectuelle.

CONCLUSION.

La République repose sur ces deux principes fondamentaux :

1° Établissement du siége du Gouvernement en province.

2° Constitution de départements puissants jouissant d'une très-grande indépendance.

Le gouvernement national se compose des éléments suivants :

1° Une Chambre nommée par le suffrage universel direct.

2° Un Sénat nommé à l'élection des pères de famille.

3° Un Président élu par les conseillers généraux des départements.

Ces trois pouvoirs ont pour attributions principales:

SÉNAT.

Le Sénat a la garde de la Constitution et des codes.

Il annule toute décision ou mesure prise par le Président ou l'Assemblée quand il la juge contraire à la Constitution ou aux lois civiles fondamentales consignées dans les codes.

Seul il a qualité pour compléter ou réviser les Codes.

L'organisation et la distribution de la Justice sont de son ressort à lui seul.

Il nomme le ministre de la Justice.

Il juge au moyen de tribunaux tirés au sort dans son sein tout conflit ou procès entre :

L'État et un département.

L'État et une commune.

L'État et un citoyen.

Deux départements.

Un département et une commune.

Un département et un citoyen.

Entre deux communes.

Entre une commune et un citoyen.

CHAMBRE DES REPRÉSENTANTS.

La Chambre des Représentants vote seule l'impôt.

Elle surveille l'action du pouvoir exécutif.

Elle peut traduire le pouvoir exécutif devant le Sénat

POUVOIR EXÉCUTIF.

Le Président nomme des ministres responsables.

Il a droit de vote sur toute mesure votée par la Chambre des Représentants; cette mesure, dans ce cas, pour devenir exécutoire, devra réunir les votes des deux tiers de l'Assemblée.

RÉVISION.

Tout amendement à la Constitution devra être proposé d'un commun accord par le Président, le Sénat et l'Assemblée et sera soumis à l'Assemblée succédant à celle qui aura consenti à la proposition.

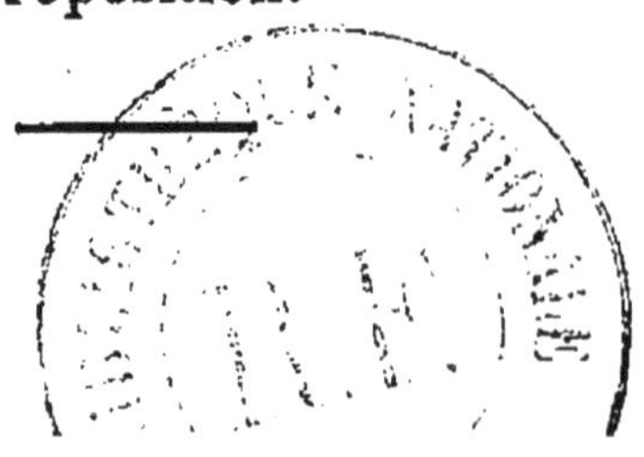

TABLE DES MATIÈRES

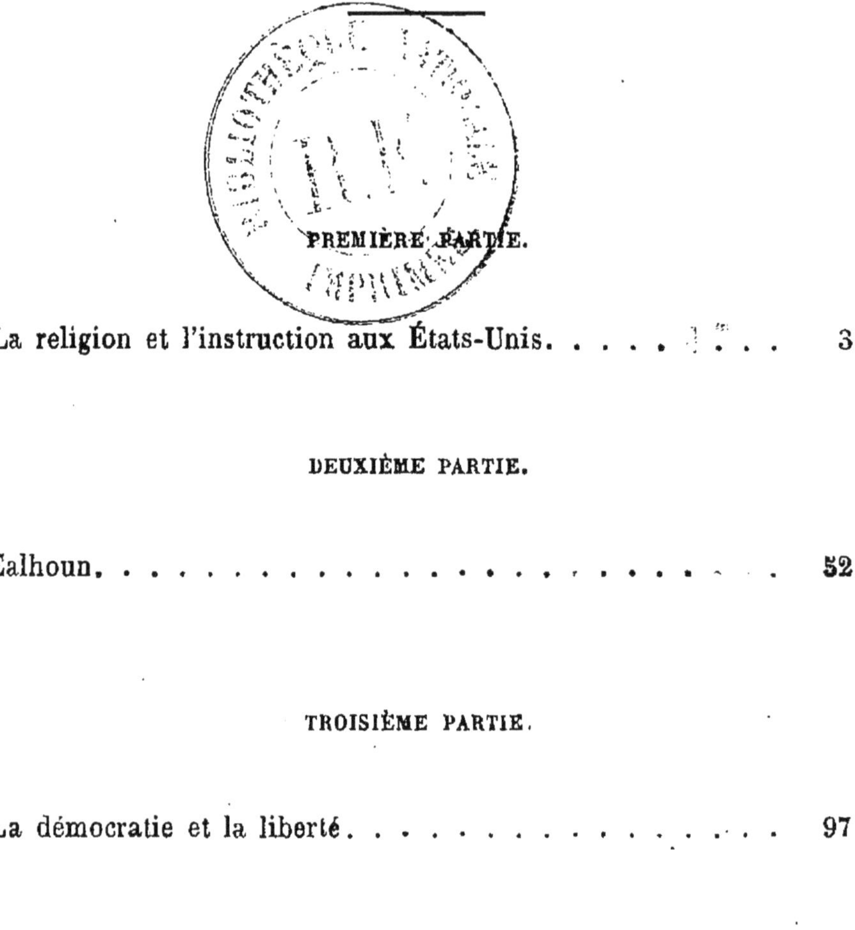

PREMIÈRE PARTIE.

DEUXIÈME PARTIE.

TROISIÈME PARTIE.

Paris, imprimerie Paul Dupont rue J.-J.-Rousseau 41.

www.ingramcontent.com/pod-product-compliance
Ingram Content Group UK Ltd.
Pitfield, Milton Keynes, MK11 3LW, UK
UKHW012228240726
13966UKWH00003B/1003

9 782012 929784